\ おいしさ満点！/

中高生の基本のお弁当

ほりえさちこ

成美堂出版

はじめに

たくさんのお弁当の本があるなかで、
この本を手にとってくださって、ありがとうございます。

私のお弁当作りは、むずかしい工程はありません。
めずらしい調味料や高級食材も使いません。

忙しい朝でもぱっと作れる無理のない時短レシピです。
彩りやおかずの味わいの組み合わせ、栄養のバランス、
お弁当の詰め方も自然に覚えていただけると思います。

また、この本は成長期の中高生にあわせたお弁当の本ですが、
詰めたおかずは、お弁当だけではなく、
我が家のふだんの夕食でも人気の、あきないおかずばかりです。
ふだんの食事作りにも活用していただくと、
お弁当作りがさらにラクになると思います。

毎日のおかずに悩んだら、1か月カレンダー通りに作ってください。
もうメニューに悩む必要なし！
慣れてくるとご自分のアレンジや展開パターンも見つかるはずです。

寒い時期はスープジャーのお弁当、暑い日は冷たいめんのお弁当、
時間がない日はのっけ弁できりぬけるなど、その日のコンディションや
状況によってもメニューを選べるようにいろいろなバリエーションを紹介しました。

日々頑張っているお子さんのランチタイムが
笑顔いっぱいの楽しいひとときになりますように！

そして、毎日のお弁当作りがストレスなく、
もっとラクで楽しいものになっていいただけたら、とてもうれしいです。

ほりえ　さちこ

もくじ

2　はじめに

12　中高生のお弁当のキホン
14　お弁当作りで注意したい8つのコト
16　お弁当の詰め方レッスン

Column
18　お弁当箱は容量を確認しよう
52　お弁当カロリーdownテクニック
80　あと少し！のスペースは
　　「すき間おかず」におまかせ
130　ちょっとした工夫で、
　　お弁当作りがぐんとスムーズに

Part 1　朝15分でできる 定番弁当

22　豚肉のしょうが焼き弁当
　　豚肉のしょうが焼き/さつまいものレモン煮/卵焼き/
　　ゆでブロッコリー

24　のり弁
　　焼きさけ/絹さやのナムル/ちくわの磯辺揚げ焼き/
　　きんぴらごぼう/のりおかかごはん

26　鶏の照り焼き弁当
　　鶏の照り焼き/えのきの卵炒め/
　　ブロッコリーのマスタードあえ

28　牛丼弁当
　　牛丼/かぼちゃの甘煮/キャベツの塩昆布あえ/ゆで卵

30　肉団子弁当
　　肉団子/ちくわチーズ/焼きれんこん/
　　ミニトマトのはちみつレモンあえ

32　ぶりの照り焼き弁当
　　ぶりの照り焼き/ウインナーとエリンギのソテー/
　　ほうれん草の磯辺あえ

34　ハンバーグ弁当
　　ハンバーグ/ポテトサラダ/にんじんとかぶのレンジグラッセ

36　さけのピカタ弁当
　　さけのピカタ/ミニトマトベーコン/塩もみかぶのごままぶし/
　　ゆで枝豆

38　チンジャオロース弁当
　　チンジャオロース/かにかま卵/甘酢れんこん

40　ホイコーロー弁当
　　ホイコーロー/桜えびの卵焼き/青のりきゅうり

42　オムライス弁当
　　オムライス/アスパラガスのソテー/ウインナーチャップ/
　　ミニトマト

44　ポークソテー弁当
　　ポークソテー/チーズえんどう/さつまいものバター焼き

46　にんじんの肉巻き弁当
　　にんじんの肉巻き/いんげんのごまあえ/マヨコーン/
　　ミニトマト

48　ピーマンの肉詰め弁当
　　ピーマンの肉詰め/小松菜としらすのおひたし/
　　うずら卵のカレーマリネ

50　焼き肉弁当
　　焼き肉/ほうれん草のチーズ焼き/
　　切り干し大根とかにかまのサラダ

Part 2
1か月 お弁当カレンダー

- 55 　1か月ミラクルお弁当カレンダー

- 56 　**第1週・月**
  ### 薄揚げソースカツ丼弁当
  薄揚げソースカツ丼 / ごまチーズポテト / ミニトマト

- 57 　**第1週・火**
  ### うずら卵の肉巻きチャップ弁当
  うずら卵の肉巻きチャップ / チーズとちくわと野菜のくるくる / ツナポテト / 塩ゆでアスパラガス

- 58 　**第1週・水**
  ### ソーセージカツ弁当
  ソーセージカツ / ポテマヨチーズ / ゆでブロッコリー / 俵形のおにぎり

- 59 　**第1週・木**
  ### かじきのチーズ照り焼き弁当
  かじきのチーズ照り焼き / ブロッコリーとミニトマトのマスタードマヨあえ / 青のり卵焼き / 塩ゆでスナップえんどう

- 60 　**第1週・金**
  ### ささみフライ弁当
  ささみフライ / ちくわたらこ / スナップえんどうのごまあまぶし / ゆで卵の輪切り

- 61 　**第2週・月**
  ### 塩カルビのっけ丼弁当
  塩カルビのっけ丼 / エリンギのオイスターソース炒め / 塩もみラディッシュ / ほうれん草のごまポン酢あえ

- 62 　**第2週・火**
  ### いわしとエリンギのかば焼き丼弁当
  いわしとエリンギのかば焼き丼 / にんじん入り卵焼き / ほうれん草とコーンのソテー

- 63 　**第2週・水**
  ### ハムカツ弁当
  ハムカツ / きのこの甘辛バター炒め / 枝豆入り卵焼き / いんげんとにんじんの塩ゆで

- 64 　**第2週・木**
  ### ポークチャップ弁当
  ポークチャップ / コーンの落とし焼き / ラディッシュのピクルス / ゆで枝豆の楊枝刺し

- 65 　**第2週・金**
  ### さけの竜田揚げ弁当
  さけのスティック竜田揚げ / いんげんとにんじんのピーナッツバターあえ / 梅干し入り卵焼き / きのこごはん

- 66 　**第3週・月**
  ### キャベツ春巻き弁当
  キャベツ春巻き / かぼちゃとレーズンのグラッセ / 小松菜とベーコンのマスタード炒め / ミニトマト

- 67 　**第3週・火**
  ### チーズハンバーグ弁当
  チーズハンバーグ / ブロッコリーのじゃこあえ / ミニトマト / キウイフルーツ

- 68 　**第3週・水**
  ### えびフライ弁当
  えびフライ / 小松菜のごまチーズ焼き / はんぺんの甘辛焼き / ミニトマト / ミニおにぎり

- 69 　**第3週・木**
  ### オムそば弁当
  オムそば / 魚肉ソーセージとブロッコリーのバターしょうゆ炒め / 焼きかぼちゃ

- 70 　**第3週・金**
  ### ぶりカツ弁当
  ぶりカツ / キャベツと玉ねぎと枝豆のコールスロー / スパニッシュ風卵焼き / 甘辛じゃこのせごはん

- 71 　**第4週・月**
  ### スパイシーチキン弁当
  スパイシーチキン / ミックスビーンズのおかかマヨあえ / もやしとピーマンのナムル

72 第4週・火
かじきの甘酢炒め弁当
かじきと野菜の甘酢炒め / きゅうりと豆のサラダ / 枝豆の卵炒め

73 第4週・水
親子丼弁当
親子丼 / ピーマンとなすのみそ炒め / きゅうりの梅のせ

74 第4週・木
から揚げ弁当
から揚げ / なすの揚げびたし / ミックスビーンズのチーズあえ /
ゆで枝豆

75 第4週・金
カレーピラフ弁当
カレーピラフ / ミニグラタン / オレンジ

今日はどの気分？
おにぎりバリエーション

76 みそチーズ焼きおにぎり／
いんげんと甘酢しょうがの巻きおにぎり／
鶏から揚げの天むす風

77 キャロットライスのおにぎり／
スティックおにぎり／
昆布とチーズとゆずこしょうのおにぎり

おいしさいろいろ！
卵焼きバリエーション

78 たらこ卵焼き／煮豆入り卵焼き／
しらす入り卵焼き

79 ねぎ入り卵焼き／のりチーズ卵焼き／
カップ卵焼き

Part 3
カンタン！ 時短
朝ラク弁当

＜フライパンひとつでのっけ弁当＞

84 ビビンバ弁当
ビビンバ丼 / ぶどう

85 三色そぼろ丼弁当
三色そぼろ丼 / きゅうりの梅あえ / ハムとチーズのくるくる

86 なすのキーマカレー丼弁当
なすのキーマカレー丼 / コールスロー

87 ガパオ丼弁当
ガパオ丼

88 サイコロステーキ丼弁当
サイコロステーキ丼 / チーズちくわ

89 カリカリ豚丼弁当
カリカリ豚丼

＜ごはんがなくても大丈夫！のめん弁当＞

90 冷やし中華弁当
冷やし中華

91 塩焼きそば弁当
塩焼きそば

92 ペンネカルボナーラ弁当
ペンネカルボナーラ / スナップえんどうとしいたけのソテー

93 ぶっかけ豚しゃぶうどん弁当
ぶっかけ豚しゃぶうどん / 個包装のプロセスチーズ

94 ピリ辛焼きうどん弁当
ピリ辛焼きうどん／ゆで卵

95 ナポリタン弁当
スパゲッティ・ナポリタン／ゆでブロッコリー

＜詰めるだけ弁当＞

96 豚のみそマヨ炒め弁当
豚のみそマヨ炒め／おからきんぴら／
ほうれん草のごまジャンあえ

98 牛肉とカリフラワーのカレー炒め弁当
牛肉とカリフラワーのカレー炒め／れんこんとひじきの
ごまだれサラダ／小松菜とコーンのさっと煮

100 コーン肉団子弁当
コーン肉団子／さつまいもの甘辛バター炒め／
れんこんとにんじんのピクルス

102 豚肉とれんこんのチャップソテー弁当
豚肉とれんこんのチャップソテー／かぼちゃのマッシュ／
にんじんたらこあえ

104 たらのチーズ焼き弁当
たらのチーズ焼き／ひよこ豆のサラダ／きのこの甘辛煮

106 れんこん入りチキンナゲット弁当
れんこん入りチキンナゲット／
オクラとミニトマトのごま酢あえ／なすのコチュマヨ

＜肉の作りおきおかず＞

108 鶏の香味揚げ／ミニチキンカツ／
やわらか蒸し鶏

109 鶏チャーシュー／
牛肉とごぼうのすき煮／
豚肉と野菜の甘酢あん

110 肉巻きエリンギ／豚肉のマーマレード
照り焼き／ひき肉と春雨のピリ辛煮／
タコライス風洋風肉そぼろ／
牛肉とえのきのみそそぼろ／
チリビーンズ

＜魚介の作りおきおかず＞

112 さけの梅照り焼き／
サーモンと野菜のマリネ／
さばのみそ煮

113 白身魚のから揚げ／
ぶりの香味みそ焼き／さばフレーク

114 かじきのごま焼き／あじバーグ／
えびチリ

115 えびナゲット／さけグラタン／
えびシュウマイ

＜赤い小さなおかず＞

116 赤ピーマンとソーセージの
　　ケチャップ炒め／
にんじんのバターコンソメレンジ煮／
ラディッシュの塩昆布あえ／
にんじんのみそきんぴら／
赤ピーマンのゆかりあえ

117 キドニービーンズの甘煮／
ミニトマトバーガー／
紫キャベツの塩もみサラダ／
かぶの梅あえ／赤いウインナー炒め／
赤ピーマンのきんぴら風

＜緑の小さなおかず＞

118 さやいんげんのおかかあえ／
ピーマンのじゃこ炒め／
芽キャベツのコンソメひたし／
グリーンアスパラガスのチーズ焼き／
ピーマンのおかかあえ

119 ほうれん草の黒ごまあえ／
きゅうりとわかめの酢の物／
きゅうりとカッテージチーズサラダ／
ピーマンのココット／
オクラのおかかまぶし／
青じそのみそ巻き

<黄色の小さなおかず>

120 ヤングコーンのマヨチーズ炒め／
コーンとゆで卵のタルタル／
コーンのピカタ／
黄パプリカとツナのカレー炒め／
カリフラワーのカレーピクルス

121 さつまいもきんぴら／
スイートかぼちゃ／
玉ねぎのカレーあえ／
黄ミニトマトのはちみつあえ／
さつまいもの茶巾しぼり／
たくあんのごま炒め

<茶色と黒の小さなおかず>

122 しいたけのフリッター／
油揚げのねぎみそピザ／
きのこのポン酢マリネ／
ちくわとしいたけのレンジ煮／
ごぼうのごま酢あえ

123 まいたけのバターポン酢／
大根としいたけの煮物／
わかめのナムル／
しめじとしらたきのソース炒め／
しいたけのツナチーズ焼き／
油揚げと漬け物のチーズ焼き

<スープジャージャー弁当>

124 豚汁弁当
豚汁 / 甘めの卵焼き

125 鶏つくねスープ弁当
鶏つくねスープ / ピーラーにんじんのごまあえ /
ゆでブロッコリー

126 豚バラときのこの豆乳みそスープ弁当
豚バラときのこの豆乳みそスープ / ツナチャプチェ

127 たらのチゲスープ弁当
たらのチゲスープ / たたききゅうりのみそあえ /
玄米塩昆布おにぎり

128 さけのタイ風カレースープ弁当
さけのタイ風カレースープ / えびマヨサラダ

129 ウインナーと野菜のポトフ風弁当
ウインナーと野菜のポトフ風 / りんご / ベーグル

Part 4
やる気を応援する
塾弁当・部活弁当

<朝作って冷蔵庫にスタンバイOK！>

134 いなりずし弁当
いなりずし / 小松菜のツナ炒め / キャンディーチーズ（市販）

135 サンドイッチ弁当
サンドイッチ / パイナップル

136 フルーツロールサンド弁当
フルーツロールサンド / ミックスビーンズとベーコンのサラダ

137 和風サラダスパゲッティ弁当
和風サラダスパゲッティ / ゆで枝豆

138 ベーコン入りラタトゥイユ弁当
ベーコン入りラタトゥイユ / ぶどう、オレンジ / クロワッサン

<集中力アップ・風邪予防！>

139 さんまごはん弁当
さんまごはん／アスパラガスののりあえ／にんじんしりしり／かまぼこチーズ

140 れんこんのはさみ焼き弁当
れんこんのはさみ焼き／えのきの梅あえ／三つ葉ともやしのおひたし

141 いわしといんげんのピカタ弁当
いわしといんげんのピカタ／かぼちゃシナモン／小松菜とくるみの塩昆布あえ

142 スコッチエッグ弁当
スコッチエッグ／ブロッコリーとベーコンのレンジコンソメ煮／にんじんとレーズンのサラダ

143 さばのカレー竜田揚げ弁当
さばのカレー竜田揚げ＆フライドにんじん／ほうれん草のココット／梅とごまの混ぜごはん

<パワーアップ！　がっつり部活弁当>

146 みそカツ弁当
みそカツ／きゅうりとにんじんのマリネ／チーズ入り卵焼き

147 鶏のしょうが焼き弁当
鶏のしょうが焼き／ごぼうサラダ／小松菜のおひたし／梅ごはん

148 焼き肉重弁当
焼き肉重／煮卵／ピーマンとしめじのナムル

149 マスタードチキン弁当
マスタードチキン／なすのねぎあえ／ヤングコーンのカレー炒め

150 酢豚弁当
酢豚／きゅりのピリ辛即席漬け／うずら卵のちくわ巻き磯辺あえ

<部活弁当の補食カタログ>

151 チーズおかかおにぎり／グリーンピースとじゃこのおこわ風／そぼろおにぎり／ウインナーと卵のおにぎらず

152 肉巻きコーンおにぎり／ランチョンミートサンド／ナポリタンポケットサンド／焼きそばパン

153 お好み焼き／手作りシリアルバー

本書の使い方

● 計量の単位は、小さじ1＝5ml、大さじ1＝15ml、1カップ＝200mlです。なお、「ひとつまみ」は親指と人さし指と中指の3本でつまんだ量です。

● 加熱および調理の時間は目安です。様子をみながら加減してください。

● 火加減は、単に「火」とあるのは「中火」を示します。

● 電子レンジは600Wを基本とし、500Wの場合は加熱時間を1.2倍に、700Wの場合は0.8倍にしてください。

● オーブントースターは機種によって加熱の温度差があるので、焦げそうなときはアルミホイルをかぶせて調整してください。

● バターとあるのは有塩バター、しょうゆとあるのは濃口しょうゆです。

● コーンとあるのは、とうもろこしの水煮（缶詰やレトルトパック）、冷凍コーンなど、どれでもOKです。

● カロリー数値は、素材や調味料などのカロリーに細かな差違があるので概算です。

● お弁当のカロリー数値は、好みで添える漬け物、つくだ煮、ふりかけなどは加算していません。

中高生のお弁当のキホン

食べる量は大人と同じかそれ以上。心も体も育ち盛りの中高生弁当ならではの
ポイントを押さえておくと、毎日のお弁当作りがスムーズになります。

キホン 1 中高生は成長期真っただ中。お弁当からもしっかりとカロリーをとりたい！

中高生の時期は、人生で一番エネルギー量（摂取カロリー）が必要。単純にカロリーを多くとればよいわけではなく、質とバランスが肝心な時期といえます。朝昼夜の3食のほか、間食や補食をとることも考えて、お弁当でとりたいカロリーを算出しました。

	中高生の一日に必要な摂取カロリー（普通レベルの身体活動で）	お弁当に必要な摂取カロリー（普通レベルの身体活動で）
男子	2350～2850 kcal	700～800 kcal
女子	1900～2350 kcal	500～600 kcal

キホン 2 お弁当の基本バランスは1:1が黄金比！

ごはんとおかずの割合は1:1。メインおかずとサブおかずの割合も1:1が基本です。メインおかずは肉や魚介のタンパク質豊富なおかず。お弁当の主役です。サブおかずには、彩りのよい野菜を中心に、サクサク、ふわふわなど食感の変化のある食材を組み合わせましょう。サブおかずは2品入れると栄養バランスがよくなりますが、メインおかずに野菜が入っているときは1品でもOKです。本書では、もうひと味ほしいときに、簡単にできるプラスおかずも紹介しています。

おかず　ごはん
1 : 1

メインおかず1品　サブおかず2品
1 : 1

キホン3 味のバランスに気をつけておかずの組み合わせを考える！

味の基本は、甘味・酸味・塩味・苦味・辛味の5種類に大きく分けられます。それぞれの味に対して「さっぱり薄味」から「こってり濃い味」の味の幅があり、さっぱり薄めの塩味やこってり濃いめの甘味など、料理ごとの味となります。同じような味のおかずばかりにならないようにお弁当メニューを考えましょう。

キホン4 彩りのよいお弁当は栄養バランスもよし！

食材には大きく分けて白、赤、緑、黄、茶(黒)の5つの色があります。お弁当はメインおかずが茶色っぽいことが多いので、サブおかずの彩りを考えましょう。ごはんの白をベースに、赤、緑、黄、茶(黒)がまんべんなく入るようにすると、見た目が華やかになるだけでなく、栄養バランスも自然とととのいます。

お弁当作りで注意したい8つのコト

できたてをすぐに食べないのが、お弁当の一番の特徴。おいしさや彩り、栄養バランスも重要ですが、お弁当を傷めないことがなによりも大事です。

1 しっかりと火を通す

肉、魚介、卵は中までしっかりと火を通すことが大切。食材の中心部の温度を75℃で1分間以上加熱すれば、サルモネラ菌などを原因とする細菌性食中毒が予防できるといわれています。

2 肉や魚介は焼く前に粉をまぶす

肉や魚介は片栗粉や小麦粉をふって焼いたものにたれをからめると、しっかりと味がからみます。冷めてもおいしいだけでなく、汁っぽくならないので傷み防止にもなります。

3 揚げ物は油をしっかりきる

油がしっかりきれていないと、揚げ物おかずから油がにじんでお弁当全体がオイリーな状態になってしまいます。

4 作りおきの再加熱は80℃以上まで温度を上げる

電子レンジで再加熱する場合も、80℃以上まで熱して、うちわなどであおいで急速に冷ますことで加熱による殺菌効果が期待できます。中までしっかり熱くなり、少し湯気がでるくらいが目安。冷めきらないうちにお弁当のふたをしめたりすると、かえって傷みやすくなるので要注意です。

5 湯気・水けはしっかりとり除く

塩もみしたきゅうりはしっかりと水けをしぼる、小松菜などのおひたしには削り節やすりごまを加えて汁けを吸わせるなど、野菜の水けもしっかりとり除くことが大切です。

6 ミニトマトのヘタはとり除いてから詰める

ミニトマトのヘタには雑菌が付きやすく、水洗いをしてもとりきれないことがあります。ヘタをとり除いて洗い、水けをしっかりふいてから詰めるようにしましょう。

7 レタスなど、生の葉野菜は使わない

生の葉野菜からは水けがでたり、雑菌が繁殖することもあるのでお弁当には使わないようにします。ただし、青じそは例外。青じそ特有のペリルアルデヒドという成分には、強い抗菌作用と防腐効果があります。彩りもよくなるので活用しましょう。

8 寒い季節には脂身の少ない肉を使う

気温が低いと、肉の脂身が固まり風味が悪くなるので脂身の少ない肉を選びましょう。バターも固まって白く浮いてきてしまうので、バター炒めも避けるのがベターです。

梅雨の時期からはじめたい！
夏のお弁当の傷み対策

気温も湿度も高くなる梅雨から夏にかけては、
特に食中毒が心配な時期。
いつも以上に衛生管理に気をつけましょう。

保冷バッグや保冷剤を必ず使用します。おかずやごはんがきちんと冷めていないと、保冷効果が十分に発揮できないので注意しましょう。

●

殺菌効果のある食材をどんどん活用しましょう。青じそ、しょうが、わさび、マスタード、レモン汁、酢、カレー粉、唐辛子、梅干し、パセリなどがおすすめです。切り口から傷みやすいミニトマトは、切らずに丸ごと詰めましょう。

●

ごはんを炊くときに梅干しや穀物酢（米1合に対して小さじ1強）を入れて炊くと、酸の効果で食中毒菌の繁殖を防ぎます。ごはんが酸っぱくなることもありません。

●

抗菌シートや、抗菌作用のあるおかずカップなど便利グッズを賢く利用しましょう。お弁当のふたをレモン汁や酢でふくのも殺菌効果が期待できます。

お弁当の詰め方レッスン

通学のときに多少揺れてもかたよらないように、
お弁当は「すき間なく、きっちり詰める」が鉄則。
さまざまな形のおかずを上手に詰めるための基本を覚えましょう。

量の目安は
お弁当箱の
半分くらい

形がしっかりしている
卵焼きはお弁当の
強い味方！

1 ごはんを詰める

冷めるまでに時間がかかるごはんを詰めるところから、お弁当作りはスタート。隅からきっちりと詰めればかたよりを防げる。

2 メインおかずを詰める

ごはんの次に分量の多いメインおかずを詰める。ごはんと隣り合うように詰めればおさまりがよい。
※ここで詰めたのは、ミニチキンカツ（p.108）

3 サブおかずを詰める

形がしっかりとしているおかずから先に詰める。汁けのないおかずをお弁当箱の端におくとよい。

応用編

メインおかずに汁けがある場合は…

豚肉のしょうが焼き弁当（p.22）など、
メインおかずに汁気があるときに
大きなおかずカップを用意するのは結構大変。
電子レンジ加熱したキャベツのせん切りなどを
底敷きにして、汁けがお弁当箱からもれるのを防ぎます。

1 ごはんとサブおかずを詰める

お弁当箱の半分までごはんを詰め、
メインおかずをのせるスペース分を
少しへこませておく。
形がしっかりしているものから順に
サブおかずを詰める。

16

> 全部のおかずをカップに入れると お弁当にすき間ができるので、 使うのは汁けの多いおかず だけにしましょう

> きっちり、 すき間なく！

完成！

4 残りのサブおかずを詰める

汁けのあるものはおかずカップに入れてから詰める。お弁当箱の底におかずカップがしっかりつくように、きっちり詰める。
※ここで詰めたのは、さやいんげんのおかかあえ(p.118)

5 サブおかずをもう少し詰める

4のサブおかずは、カップの縁より高くなるようにもう少し詰める。こうすれば、おかずカップが動きにくくなり、見た目もおかずたっぷりに。

好みでふりかけや漬け物を添える

ごはんが進むふりかけや、食感のアクセントになる漬け物を添えてもよい。

2 メインおかずの添え野菜を詰める

メインおかずに添える野菜（ここではキャベツのせん切り）を、へこませたごはんの上と、メインおかずスペースの半分くらいまで入れる。

3 メインおかずを詰める

メインおかずをキャベツの上にたっぷりとのせる。こうすると、おかずの汁けをキャベツが受け止めてくれ、外にはもれにくくなる。お弁当箱の端の部分に少しスペースを空けておく。

4 汁けの出ないサブおかずをもう1品詰める

メインおかずを詰めるときに作った端のスペースに、汁けが出ないおかず（ここではブロッコリー）を詰めればさらに安心。

男女差、個人差も大きい成長期!
お弁当箱は容量を確認しよう

色や形でなんとなく選びがちですが、
容量の多すぎ&少なすぎには気をつけましょう。

　中高生のお弁当1食に必要なエネルギー量は、男子が700〜800kcal、女子が500〜600kcalといわれています。これをお弁当箱の容量に置き換えると、男子で900ml、女子で600mlの大きさが目安となり、ごはんをお弁当箱の半分まで詰めると、男子で約200g（茶碗大盛1杯分）、女子で約160〜180g（茶碗1杯分強）となります。本書では、ごはんの量は160gを基準にしていますが、中高生のこの時期は、男女の性別はもちろん、毎日の活動量やもともとの食欲など個人差や成長の変化の激しい時期。本人の希望を聞きつつ、その時の体調に合わせて全体量を調整しましょう（ごはんとおかずの量のバランスはp.12を参照）。ごはんをぎゅうぎゅうに詰めるのか、軽く詰めるのか、詰め方だけでも量はかなり変わってきます。慣れるまでは茶碗を使って必要な量をはかり、目分量を感覚としてつかみましょう。

　お弁当は毎日のことなので、普段使い用にお弁当箱を2個用意しておくといざというときに安心です。お弁当作りに慣れるまでは、2つのお弁当箱の形をそろえるようにすると、詰めるときに同じ感覚でバランスがとれるのでスムーズです。

お弁当箱のサイズは
男子900mlくらい、女子600mlくらいが目安です。

<お弁当に詰めたのは>

メインおかず
・豚肉と野菜の甘酢あん ▶ p.109

サブおかず
・卵焼き

サブおかず
・ピーマンのじゃこ炒め
　▶ p.118

（男子のみ）プラスおかず
・えびシュウマイ ▶ p.115

プラスおかず「ミニトマト」
・ごはん＋ふりかけ

男子には
もう1品おかずを
増やしても！

ご飯の量は
200g
（茶碗大盛1杯分）を
目安に

男子用のお弁当

メインおかずの量で
調節するとおさまりと
バランスがよい

ご飯の量は
160〜180g
（茶碗1杯分）を
目安に

女子用のお弁当

Part 1

朝15分でできる
定番弁当

前夜の仕込みを上手に取り入れれば、
朝起きてから15分でお弁当が完成！
タイムテーブル付きなので段取りもバッチリです。

809 kcal

豚肉のしょうが焼き弁当

お弁当には大きな薄切り肉よりも、こま切れ肉が味もなじむし、
食べやすいのでおすすめ。キャベツはレンジで加熱してしんなりさせるのがポイントです。

朝15分でできる定番弁当

メインおかず 405 kcal
豚肉のしょうが焼き

材料（1人分）
- 豚こま切れ肉 …………… 120g
- 塩、こしょう …………… 各少々
- 小麦粉 …………… 大さじ½
- 玉ねぎ …………… ¼個
- A
  - おろししょうが …………… 小さじ1
  - しょうゆ、酒 …………… 各小さじ2
  - みりん …………… 小さじ1
  - 砂糖 …………… 小さじ½
- 油 …………… 適量
- キャベツ …………… 1枚

作り方
1. 玉ねぎは薄切り、キャベツはせん切りにする。Aは合わせる。
2. キャベツは耐熱容器に入れてふんわりとラップをし、電子レンジで40〜50秒加熱する。
3. 豚肉は塩、こしょうをふり、小麦粉をまぶす。
4. フライパンに油を薄くひいて火にかけ、玉ねぎと肉を炒め、肉の色が変わってきたらAを加えて炒め合わせる。
5. 2のキャベツをお弁当箱に詰めて、その上に豚肉のしょうが焼きをのせる。

Point 豚肉は小麦粉をまぶしてから焼くと、味がからみやすく食感もよくなり、冷めてもおいしい。

サブおかず 62 kcal (⅔量)
さつまいものレモン煮

材料（作りやすい分量）
- さつまいも …………… 50g
- A
  - 砂糖 …………… 小さじ2
  - レモン汁 …………… 小さじ½
  - 塩 …………… ひとつまみ
  - 水 …………… 大さじ2

作り方
1. さつまいもは皮のまま厚さ5mmの半月切りにし、水にさっとさらす。
2. 1の水けをきって耐熱容器に入れ、Aを加えてふんわりとラップをし、さつまいもがやわらかくなるまで電子レンジで1分40秒〜2分加熱する。

Point 電子レンジで加熱するほうが失敗なく手早い。ラップは余裕をもたせてふんわりかけること。

サブおかず 67 kcal (½量)
卵焼き

材料（作りやすい分量）
- 卵 …………… 1個
- A
  - 砂糖 …………… 小さじ½
  - めんつゆ（3倍濃縮） …………… 小さじ1
- 油 …………… 適量

作り方
1. 卵は割りほぐし、Aを加えて混ぜる。
2. 卵焼き用のフライパンに油を薄くひいて火にかけ、1の⅓量を流し入れて焼き、端から巻く。残りを2回に分けて流し入れて卵焼きの要領で焼く。
3. 粗熱がとれたら食べやすい大きさに切る。

サブおかず 6 kcal
ゆでブロッコリー

材料（1人分）
- ブロッコリー小房 …………… 3個（20g）

作り方
ブロッコリーは熱湯でかためにゆで、湯をきる。

＊前夜、ゆでて冷蔵保存しておいた場合は、詰める前に水けをふく

ごはん (1人分160g) 269 kcal

ごはんは詰めて冷ましておき、ふたを閉める前に好みでごま塩をふる。

Time Schedule

	前夜すること	0	5	10	15分
豚肉のしょうが焼き		・野菜を切る	・作り方3の行程をする／・キャベツを電子レンジ加熱	・フライパンで焼く	
さつまいものレモン煮	・切って水にさらす	・レモン煮を作る			
卵焼き	・作る			・電子レンジ再加熱（30〜40秒）	
ゆでブロッコリー	・ゆでる				・水けをふきとる

のり弁

のり弁と塩さけにちくわの
定番弁当です。
のりは厚みのあるものを使い、
塩さけは皮をカリッと
焼くのがポイント。

朝15分でできる定番弁当

メインおかず 110 kcal
焼きさけ

材料（1人分）
甘塩さけ……………………………1切れ(80g)

作り方
甘塩さけは予熱した魚焼きグリルに入れ、全体に焼き色がついて中まで火がとおるまで焼く。

サブおかず 57 kcal
絹さやのナムル

材料（1人分）
絹さや……………………………………4～5枚
A ┌ 塩……………………………………少々
  │ 白すりごま……………………………小さじ1
  └ ごま油………………………………小さじ½

作り方
絹さやはすじをとり除いて斜めに半分に切り、塩ゆでして、湯をきる。Aを合わせて、あえる。

サブおかず 95 kcal
ちくわの磯辺揚げ焼き

材料（1人分）
ちくわ……………………………………1本
A ┌ 小麦粉、水…………………………各小さじ2
  └ 青のり………………………………小さじ½
油……………………………………………適量

作り方
1 ちくわは斜めに半分に切り、表面に混ぜ合わせたAをまぶす。
2 フライパン（あれば小さめのもの）に少なめの油を熱し、1を揚げ焼きにする。

Point
深さ1～2cmほどの油で、途中で上下を返しながら揚げ焼きして、油をしっかりきること。

サブおかず 67 kcal
きんぴらごぼう

材料（1人分）
ごぼう……………………………………25g
ごま油……………………………………小さじ1
A ┌ しょうゆ、砂糖……………………各小さじ½
  │ 酒、みりん…………………………各小さじ1
  └ 赤唐辛子の輪切り…………………少々
白いりごま………………………………適量

作り方
1 ごぼうは細切りにし、さっと水にさらして水けをきる。Aは合わせる。
2 フライパンにごま油を薄くひいて火にかけ、ごぼうを炒め、油が回ったらAを加え、水分がとんで味がなじむまで炒め、いりごまをふる。

のりおかかごはん
（1人分160g）280 kcal

材料と詰め方
お弁当箱にごはんを詰め、おかか（削り節1g＋しょうゆ小さじ1）をのせ、のりを適量のせる。さけ、ちくわ、きんぴらごぼう、絹さやのナムルをのせ、好みで漬け物を添える。

Point
大きなのりをそのまま1枚のせると食べにくいので、切ったものを用いる。ごはんの湿気で縮むので、少し重ねてのせるとよい。

Time Schedule

	前夜すること	0	5	10	15分
焼きさけ		・魚焼きグリルを予熱	・さけを焼く		
ちくわの磯辺揚げ焼き				・衣をまぶし、フライパンで揚げ焼きする	
きんぴらごぼう	・作って味をなじませておく	・電子レンジで再加熱（40～50秒）			
絹さやのナムル	・絹さやのすじをとり除く	・絹さやを塩ゆでし、調味料Aであえる			

鶏の照り焼き弁当

799 kcal

鶏もも肉は火が通りにくいので、黄色い脂は取り除き、
肉の厚い部分は切り開いて厚みを均等にすること。この下ごしらえが肝心。

朝15分でできる定番弁当

メインおかず 410 kcal

鶏の照り焼き

鶏もも肉	1/2枚(120〜150g)
塩、こしょう	各少々
小麦粉	小さじ1
A しょうゆ、酒、みりん	各小さじ2
砂糖	小さじ1
水	大さじ2
油	適量

作り方

1. 鶏肉は脂をとり除き、厚い部分は包丁を入れて厚さを均等にする。
2. 1に塩、こしょうをふり、小麦粉をまぶす。
3. フライパンに油を薄くひいて火にかけ、2を皮を下にして入れて色がつくまで焼き、裏返して焼く。Aを加え、煮からめながら中まで火をとおす。
4. 粗熱がとれたら、食べやすい厚さに切る。

Point 小麦粉は焼く直前に全体にまぶして、余分な粉ははたき落として均一につける。これで味がよくからむ。

サブおかず 77 kcal

えのきの卵炒め

材料(1人分)
えのきだけ	50g
めんつゆ(3倍濃縮)	小さじ1
ほぐし卵	1/2個分
塩、こしょう	各適量
油	適量

作り方

1. えのきだけは軸がくっついている部分を切り落とし、長さを半分に切る。
2. フライパンに油を薄くひいて火にかけ、えのきだけをしんなりするまで炒め、めんつゆを加えてさっと炒める。
3. ほぐし卵を加えて炒め合わせ、塩、こしょうで味をととのえる。

サブおかず 43 kcal

ブロッコリーのマスタードあえ

材料(1人分)
ブロッコリー小房	3〜4個
A 粒マスタード	小さじ1
しょうゆ	小さじ1/2
オリーブ油	小さじ1/2
塩、こしょう	各少々

作り方

1. ブロッコリーは熱湯でゆで、湯をきる。
2. Aを合わせて、1をあえる。

Point ブロッコリーの水けをしっかりきってあえること。

ごはん (1人分160g) 269 kcal

ごはんは詰めて冷ましておき、ふたを閉める前に好みで昆布の佃煮を添え、白ごまをふる。

Time Schedule

	前夜すること	0	5	10	15分
鶏の照り焼き	・作り方1まで終わらせる			・作り方2〜4の行程をする	
えのきの卵炒め		・えのきだけを切る	・卵炒めを作る		
ブロッコリーのマスタードあえ		・ブロッコリーをゆでる			・調味料Aであえる

774 kcal

牛丼弁当

牛肉と玉ねぎとしょうがのザ・牛丼です。
冷めても味が落ちないように
こま切れ肉でも脂身の少ないものを選びましょう。

朝15分でできる定番弁当

メインおかず 659 kcal
牛丼

材料（1人分）
牛こま切れ肉	120g
玉ねぎ	1/4個
しょうが	1/3片
A［しょうゆ、酒	各大さじ1
みりん、水	各大さじ2
紅しょうが	適量
油	適量
ごはん	160g

作り方
1. 玉ねぎは薄切りに、しょうがは細切りにする。Aは合わせる。
2. フライパンに油を薄くひいて火にかけ、肉と玉ねぎを炒め、玉ねぎがしんなりしたらしょうがとAを加え、ざっと混ぜて汁けが少なくなるまで煮る。
3. お弁当箱にごはんを詰め、2をのせ、好みで紅しょうがを添える。

Point 玉ねぎがしんなりして甘味が出るまで炒めてから調味する。

サブおかず 47 kcal
かぼちゃの甘煮

材料（1人分）
かぼちゃ	正味50g
A［しょうゆ、砂糖	各小さじ1/2
みりん	小さじ1
塩	ひとつまみ
水	大さじ1

作り方
1. かぼちゃは種とわたをとり除き、2cm角に切る。
2. 耐熱容器に入れ、Aを加えてふんわりとラップをし、電子レンジで1分30秒〜1分40秒加熱する。全体を混ぜてかたければさらに20〜30秒加熱する。

Point ラップは余裕をもたせてふんわりかける。

サブおかず 38 kcal
キャベツの塩昆布あえ

材料（1人分）
キャベツ	1枚(50g)
塩	ひとつまみ
塩昆布	3g
ごま油	小さじ1/2

作り方
1. キャベツは小さめのざく切りにして塩をふり、しんなりするまでもんでしぼる。
2. 塩昆布、ごま油を加えてあえる。

サブおかず 30 kcal (1/3量)
ゆで卵

材料と作り方（1人分）
ゆで卵1個は輪切りにし、2枚を使う。

Time Schedule

	前夜すること	0	5	10	15分
牛丼		・玉ねぎ、しょうがを切る	・炒めて調味料Aで煮る		
かぼちゃの甘煮	・作って味をなじませておく	・電子レンジで再加熱(30〜40秒)			
キャベツの塩昆布あえ			・キャベツを切る		・調味料であえる
ゆで卵*	・ゆでる				・殻をむいて切る

*ゆで卵は固ゆでで3日間くらい冷蔵庫で保存可能

814 kcal

肉団子弁当

お弁当の王道、肉団子は、揚げ焼きするところまで
前夜に終わらせておけば、朝は味をからめるだけで完成です。

肉団子

メインおかず 404 kcal

材料(1人分)
- 合いびき肉 … 80g
- 玉ねぎ … 1/8個
- A
  - ほぐし卵 … 1/3個分(約20g)
  - 塩、こしょう … 各少々
  - パン粉 … 大さじ1
- 片栗粉 … 適量
- B
  - しょうゆ、酒、みりん … 各大さじ1/2
  - 砂糖 … 小さじ1
  - 片栗粉 … 小さじ1/2
  - 水 … 大さじ1
- 〈つけ合わせ〉さやいんげん … 2本
- 油 … 適量

作り方
1. 玉ねぎはみじん切り、さやいんげんはへたを切り落として長さ3～4cmに切る。
2. ひき肉に1の玉ねぎ、Aを加えて混ぜ合わせ、よくこねる。ひと口大に丸めて片栗粉をまぶす。
3. フライパンに深さ1～2cmの油を熱し、2といんげんを入れて揚げ焼きして、油をきる。いんげんには塩少々(分量外)をふる。
4. フライパンにBと3の肉団子を入れて火にかけ、へらでかき混ぜながらとろみがついてきたら全体にからめる。

Point 肉団子は、途中転がして丸く揚げ焼きする。いんげんは、火がとおったら取り出し、かるく塩をふる。

ちくわチーズ/焼きれんこん

サブおかず 109 kcal

材料(1人分)
- ちくわ … 1本
- トマトケチャップ … 小さじ1
- コーン、ピザ用チーズ … 各適量
- れんこん … 3cm
- オリーブ油 … 適量
- 塩、こしょう … 各少々

作り方
1. ちくわは半分に切り、さらに縦半分に切って、溝にケチャップを塗り、コーン、チーズをのせる。
2. れんこんは皮をむいて厚さ7～8mmに切り(大きいものは半分に切る)、酢水にひたす。
3. オーブントースターの天板に1と2を並べ、れんこんにオリーブ油をかけて4～5分焼き、塩、こしょうをふる。

Point ちくわチーズと焼きれんこんは一緒にトースターで焼く。

ミニトマトのはちみつレモンあえ

サブおかず 32 kcal

材料(1人分)
- ミニトマト … 3～4個
- A
  - はちみつ、レモン汁 … 各小さじ1
  - 塩 … ひとつまみ

作り方
ミニトマトは十字に切り込みを入れ、耐熱容器に入れてAを加え、電子レンジで30～40秒加熱する。切り込みが少し広がったら取り出し、そのまま冷まして味をなじませる。

ごはん (1人分160g) 269 kcal

ごはんは詰めて冷ましておき、ふたを閉める前に好みでごま塩をふる。

朝15分でできる定番弁当

Time Schedule

	前夜すること	0 — 5 — 10 — 15分
肉団子	・作り方3までを終わらせる	・調味料Bとともに火にかけて煮からめる*
ちくわチーズ/焼きれんこん	・作り方1までを終わらせる	・作り方2の行程をする ・オーブントースターで焼く
ミニトマトのはちみつレモンあえ	・作って味をなじませておく	・汁けをきる

*前夜から作る場合は、いんげんもともに煮からめる

ぶりの照り焼き弁当

701 kcal

お弁当に入れるときは片栗粉をまぶして照り焼きにするのがコツ。
魚だけではもの足りないので、ウインナーのソテーをプラスして満腹感を。

朝15分でできる定番弁当

メインおかず 288 kcal

ぶりの照り焼き

材料(1人分)
ぶり	1切れ(80g)
塩	少々
片栗粉	適量
A しょうゆ、酒、みりん	各小さじ2
砂糖	小さじ1
油	適量

作り方
1. ぶりは塩をふり、数分おいて水けをキッチンペーパーでとり、半分に切る。
2. 1に片栗粉を薄く均一にまぶす。Aを合わせる。フライパンに油を薄くひいて火にかけ、ぶりを入れて焼く。両面色よく焼いて、Aを加えて煮からめる。

Point
キッチンペーパーではさんでかるく押さえて、浮いてきた水けをとる。これで臭みがとれる。

サブおかず 120 kcal

ウインナーと
エリンギのソテー

材料(1人分)
ウインナーソーセージ	2本
エリンギ	1本
塩、こしょう	各少々
油	適量

作り方
1. ウインナーは斜めに切り目を入れ、エリンギは石づきを切り落として縦に半分に切って薄切りにする。
2. フライパンに油を薄くひいて火にかけ、1を入れて焼いて火がとおったら、塩、こしょうをふる。

サブおかず 24 kcal

ほうれん草の
磯辺あえ

材料(1人分)
ほうれん草	50g
めんつゆ(3倍濃縮)	小さじ1
のり	全形⅙枚

作り方
ほうれん草は長さ3～4cmに切り、ゆでて水にさらし、水けをしぼってめんつゆ、ちぎったのりを加えてあえる。

Point
のりははさみできれいに切るよりも、手でちぎるほうがほうれん草となじんでおいしい。

ごはん (1人分160g) 269 kcal

ごはんは詰めて冷ましておき、ふたを閉める前に好みでたくあんなど漬け物を添える。

Time Schedule

	前夜すること	0	5	10	15分
ぶりの照り焼き	・作り方1まで終わらせる			・片栗粉をまぶして照り焼きを作る	
ウインナーとエリンギのソテー			・ウインナーとエリンギのソテーを作る		
ほうれん草の磯辺あえ	・ほうれん草をゆでて水にさらし水けをしぼる	・ほうれん草の水けを再度しぼり、めんつゆとのりであえる			

753 kcal ハンバーグ弁当

ソースをからめた大きなハンバーグをドンとごはんにのせて詰めましょう。
くずしながらごはんと一緒に食べるおいしさは格別です。

朝15分でできる定番弁当

メインおかず 299 kcal
ハンバーグ

材料（1人分）
合いびき肉	60g
玉ねぎ	1/8個
ほぐし卵	1/3個分（約20g）
塩、こしょう	各適量
ナツメグ（あれば）	少々
パン粉	大さじ1
A トマトケチャップ	大さじ2
中濃ソース	小さじ1
水	大さじ2
グリーンアスパラガス	2本
油	適量

作り方
1. 玉ねぎはみじん切りにする。アスパラは根元のかたい部分とハカマをとり除き、長さ3〜4cmに切る。
2. ひき肉、玉ねぎ、卵、塩とこしょう各少々、ナツメグ、パン粉を合わせてこね、小判形に形を整える。
3. フライパンに油を薄くひいて火にかけ、2とアスパラを強火で焼き、アスパラが焼けたら先に取り出して塩、こしょう各少々をふる。
4. ハンバーグの両面に焼き色がついたらAを加え、煮からめながら中まで火をとおす。

Point アスパラはハンバーグと同じフライパンで転がしながら焼き、火がとおったら取り出す。

サブおかず 134 kcal （1/2量）
ポテトサラダ

材料（作りやすい分量）
じゃがいも	1個（80〜100g）
きゅうり	1/3本
ハム	1枚
マヨネーズ	大さじ1と1/2
塩、こしょう	各適量

作り方
1. じゃがいもは水で濡らしたキッチンペーパーで包み、さらにラップで包んで電子レンジでやわらかくなるまで4〜5分加熱し、皮をむいてつぶす。
2. きゅうりは薄い輪切りにし、塩ひとつまみでもんで水けをしぼる。ハムは細切りにする。
3. 1と2を合わせ、マヨネーズを加えて混ぜ、塩、こしょうで味をととのえる。

Point じゃがいもはレンジ加熱がおすすめ。水で濡らしたキッチンペーパーで包んでからラップで包むのがコツ。

サブおかず 51 kcal
にんじんとかぶのレンジグラッセ

材料（1人分）
にんじん	30g
かぶ	1/2個
A バター	3g
砂糖	小さじ1
水	小さじ2
塩	少々

作り方
1. にんじんは厚さ5mmの輪切り、かぶは茎を2〜3cm残して皮をむき、くし形切りにする。
2. 1を耐熱容器に入れ、Aを加えてふんわりとラップをし、電子レンジで1分30秒加熱する。
3. 塩をふってひと混ぜし、さらに30〜40秒加熱する。

ごはん （1人分160g） 269 kcal

ごはんは詰めて冷ましておく。

Time Schedule

	前夜すること	0	5	10	15分
ハンバーグ*	・作り方2まで終わらせる			・ハンバーグとアスパラを焼く	
ポテトサラダ		・じゃがいもを電子レンジ加熱 ・きゅうり、ハムを準備		・材料を混ぜ合わせる	
にんじんとかぶのレンジグラッセ	・作って味をなじませておく			・電子レンジで再加熱（30〜40秒）し、汁けをきる	

*ハンバーグは、仕上げておいて、朝に再加熱してもよい

642 kcal さけのピカタ弁当

ピカタは卵液をからめた料理で、冷めても味わいが変わらないので、覚えておくとお弁当に重宝するおかずです。

朝15分でできる定番弁当

メインおかず 242 kcal
さけのピカタ

材料（1人分）
生さけ	1切れ
塩、こしょう、小麦粉	各適量
卵	1個
粉チーズ	小さじ1
油	適量

作り方
1. 生さけは食べやすい大きさに切る（目立つ骨は抜く）。塩、こしょうをふり、小麦粉を均一にまぶす。
2. 卵は割りほぐし、粉チーズを加えて混ぜた卵液を作り、1をくぐらせる。フライパンに油を薄くひいて火にかけて、両面しっかり焼いて中まで火をとおす。

Point 片面が焼けてきたら、残りの卵液につけて焼くことを繰り返して、卵の衣でしっかり包んで仕上げる。

サブおかず 75 kcal
ミニトマトベーコン

材料（1人分）
ミニトマト	2個
ベーコン	1枚

作り方
ベーコンは長さを半分に切り、ミニトマトに巻いて楊枝でとめ、フライパンで転がしながら焼く。

Point ベーコンはしっかり巻いて、楊枝で刺し通してとめる。

サブおかず 46 kcal
塩もみかぶのごまままぶし

材料（1人分）
かぶ	½個
塩	少々
白すりごま	小さじ2

作り方
1. かぶは茎を2〜3cmくらい残して皮をむき、厚さ5mmに切る。
2. 1に塩をふり、しんなりするまでもみ、すりごまをまぶす。

プラスおかず 10 kcal
ゆで枝豆

材料と作り方（1人分）
冷凍の枝豆4個はお弁当を作り始める最初に冷凍庫から室温に出して自然解凍する。表面の水けをキッチンペーパーでしっかりふいて、最後に詰める。

ごはん （1人分160g） 269 kcal
ごはんは詰めて冷ましておき、ふたを閉める前に好みでふりかけをふる。

Time Schedule

	前夜すること	0	5	10	15分
さけのピカタ	・さけを切る		・塩こしょうをふる	・卵液をくぐらせて焼く	
ミニトマトベーコン	・ミニトマトにベーコンを巻く		・フライパンで焼く		
塩もみかぶのごまままぶし			・かぶを塩もみする	・水けをしぼってごまであえる	
ゆで枝豆			・解凍する		・水けをペーパーでふく

チンジャオロース弁当

801 kcal

前夜に肉の下味をもみ込んでおけば、朝は炒めるだけでOK！
かにかま卵をていねいに作る余裕もできます。

朝15分でできる定番弁当

メインおかず 272 kcal
チンジャオロース

材料（1人分）

牛薄切り肉（赤身）	80g
A　しょうゆ、酒	各小さじ½
片栗粉	小さじ1
ピーマン	緑・赤各1個
B　しょうゆ、酒	各小さじ½
みりん	小さじ2
オイスターソース	小さじ1
塩、こしょう	各適量
油	適量

作り方

1. ピーマンは種とわたをとり除いて細切りにし、牛肉は食べやすい大きさに切り、Aをもみ込む。
2. フライパンに油を薄くひいて火にかけ、牛肉、ピーマンを炒め、肉の色が変わったらBを加えて炒め合わせ、塩、こしょうで味をととのえる。

Point 肉の一枚一枚に下味と片栗粉がからむようにもみ込む。これで冷めてもおいしく、肉の存在感がある仕上がりになる。

サブおかず 213 kcal
かにかま卵

材料（1人分）

卵	1個
みりん	小さじ1
塩	少々
かに風味かまぼこ	4本
焼きのり	かまぼこの長さに合わせて適量
油	適量

作り方

1. 卵は割りほぐし、みりん、塩を加えてよく混ぜる。
2. かにかまは2本一組にしてのりの上に並べて巻く。
3. 卵焼き用のフライパンに油を薄くひいて火にかけ、1の卵液を⅓量流し入れて少しかたまったら、2をのせて端から巻き、残りの卵液を数回に分けて流し入れて巻きながら焼く。
4. 粗熱がとれて落ち着いたら、食べやすい大きさに切る。

Point 焼きのりを広げ、平たい面を合わせたかにかま2組を横に並べて巻く。かにかまは、のりで巻くと、風味のよい卵焼きになる。

サブおかず 47 kcal
甘酢れんこん

材料（1人分）

れんこん	30g
A　酢	大さじ1
砂糖	小さじ2
塩	小さじ¼
水	大さじ1

作り方

1. れんこんは2mmくらいの半月切りにして熱湯で1分～1分20秒ゆでる。
2. Aを合わせて、湯をきった1を浸して味をなじませる。

ごはん（1人分160g） 269 kcal

ごはんは詰めて冷ましておき、ふたを閉める前に好みでふりかけをふる。

⏱ Time Schedule

	前夜すること	0	5	10	15分
チンジャオロース	・作り方1まで終わらせる			・フライパンで炒め、調味料Bで仕上げる	
かにかま卵		・かにかまにのりを巻く	・かにかま卵を焼く		
甘酢れんこん	・作って味をなじませておく				・汁けをきる

39

918 kcal ホイコーロー弁当

豚肉を広げて片栗粉をまぶしておくと朝が格段にスムーズに。
青のりきゅうりは、フレッシュな味わいを添えてくれます。

メインおかず 473 kcal
ホイコーロー

材料（1人分）

豚バラ薄切り肉	90g
A｛ 塩、こしょう	各少々
片栗粉	小さじ1
キャベツ	70g
ピーマン	1個
ごま油	小さじ1
豆板醤	小さじ½
しょうが（細切り）	⅓片分
B｛ みそ、オイスターソース、砂糖	各小さじ½
みりん	小さじ1

作り方

1. 豚肉は3～4cmに切り、Aをまぶす。キャベツは3～4cm四方にざく切り、ピーマンは細切りにする。
2. Bは合わせる。フライパンにごま油、豆板醤、しょうがを入れて火にかけ、香りが出たら**1**の肉を入れて炒める。
3. 肉の色が変わったら野菜を加えてさっと炒め、Bを加えて炒め合わせる。

Point 豚肉は1枚ずつ広げてまんべんなく塩、こしょう、片栗粉をまぶすのが、冷めてもおいしいコツ。

サブおかず 152 kcal
桜えびの卵焼き

材料（1人分）

卵	1個
桜えび（粗く刻む）	大さじ1
みりん	小さじ1
塩	少々
油	適量

作り方

1. 卵は割りほぐし、桜えび、みりん、塩を加えて混ぜ合わせる。
2. 卵焼き用のフライパンに油を薄くひいて火にかけ、**1**を2～3回に分けて流し入れて卵焼きの要領で焼く。
3. 粗熱がとれたら、食べやすい大きさに切る。

サブおかず 24 kcal
青のりきゅうり

材料（1人分）

きゅうり	½本
塩	ひとつまみ
青のり	少々
鶏がらスープの素、ごま油	各小さじ¼

作り方

1. きゅうりは厚さ5mmの輪切りにし、塩でもみ、水けをしぼる。
2. 青のり、鶏がらスープの素、ごま油であえる。

Point きゅうりは塩をふり、水けをしぼる。このとき一度にしぼらず、手をにぎり替えてもう一度しぼるとしっかり水がきれる。

ごはん（1人分160g） 269 kcal

ごはんは詰めて冷ましておき、ふたを閉める前に好みで梅干しをのせ、白ごまをふる。

Time Schedule

	前夜すること	0	5	10	15分
ホイコーロー	・作り方1まで終わらせる			・フライパンで炒め、調味料Bで仕上げる	
桜えびの卵焼き			・卵焼きを作る		
青のりきゅうり		・きゅうりを切って塩もみして青のりであえる			

727 kcal

オムライス弁当

ケチャップライスを薄焼き卵で包むスタイルがお弁当向き。
まとめてケチャップライスを作って冷凍しておくと、
さらに手早くなります。

メインおかず 549 kcal

オムライス

材料（1人分）

卵	1個
バター	5g
玉ねぎ	¼個
ベーコン	1枚
トマトケチャップ	大さじ1
塩、こしょう、油	各適量
ごはん	160g

作り方

1. 玉ねぎは薄切りに、ベーコンは細切りにする。
2. 卵は割りほぐし、塩ひとつまみを加えて混ぜる。フライパンに油を薄くひいて火にかけ、薄焼き卵を焼く。
3. フライパンにバターを熱し、玉ねぎをしんなりするまで炒め、ベーコンを加えて炒める。
4. ごはんを入れて炒め、ケチャップを加えて混ぜ、塩、こしょうで味をととのえる。

Point ［オムライスの包み方］

❶ケチャップライスをお弁当箱の大きさに合わせてラップでボート形に整える。
❷ケチャップライスをお弁当箱に盛り、ラップをはずして薄焼き卵をかぶせる。
❸形を整えて包む。

サブおかず 172 kcal

アスパラガスのソテー／ウインナーチャップ

材料（1人分）

グリーンアスパラガス	2本
塩、こしょう	各適量
ウインナーソーセージ	2～3本
トマトケチャップ	小さじ2
オリーブ油	小さじ1弱

作り方

1. アスパラは根元のかたい部分とハカマをとり除き、長さ3～4cmに切る。
2. フライパンにオリーブ油を入れて火にかけ、アスパラとウインナーを入れて炒め、アスパラに塩、こしょうをふって取り出す。
3. ケチャップを加えてウインナーにからめる。

サブおかず 6 kcal

ミニトマト

材料と作り方（1人分）
ミニトマト3個はヘタをとり除く。

Time Schedule

	前夜すること	0	5	10	15分
オムライス		・玉ねぎ、ベーコンを切る ・薄焼き卵を焼く	・ケチャップライスを作る		・薄焼き卵で包む
アスパラガスのソテー／ウインナーチャップ		・アスパラを切る			・アスパラとウインナーを焼く
ミニトマト		・ヘタをとり除き、水けをふく			

朝15分でできる定番弁当

783 kcal ポークソテー弁当

肉好きが喜ぶ厚切り肉のソテーは、肉をしっかりたたいて、やわらかくすること！
大きいままだとかみ切るのが大変なので、食べやすく切って詰めましょう。

メインおかず 372 kcal

ポークソテー

材料（1人分）

豚肩ロース肉とんカツ用	1枚
塩	小さじ¼
粗びき黒こしょう	少々
小麦粉	適量
バター	5g
酒（または白ワイン）	大さじ2
レモン汁	小さじ1
砂糖	小さじ½
油	適量

作り方

1. 豚肉は包丁の背でたたいて、塩、こしょうをふり、小麦粉をまぶす。
2. フライパンに油を薄くひいて火にかけ、肉を両面焼き、焼き色がついたらバターを加え、酒を加えてアルコールをとばし、レモン汁、砂糖を加えて煮つめる。

Point バターと酒、続いてレモン汁、砂糖を加える。これがおいしいソースになるので、肉によくからめること。

サブおかず 65 kcal

チーズえんどう

材料（1人分）

スナップえんどう	2～3個
クリームチーズ	約大さじ1

作り方

1. スナップえんどうはすじをとり除き、塩ゆでする。チーズは室温に出してやわらかくする。
2. スナップえんどうの水けをふいてさやを片側だけ開いて、チーズを詰める。

Point クリームチーズをたっぷり詰め、さやから落ちた豆はチーズの上に飾る。

サブおかず 77 kcal

さつまいもの バター焼き

材料（1人分）

さつまいも	3～4cm
バター	5g

作り方

1. さつまいもはピーラーでところどころ皮をむき、厚さ7～8mmの輪切りにし、水にさっとさらす。
2. 耐熱容器にさつまいもを入れ、水をかるくふってふんわりとラップをして、電子レンジで1分30秒加熱する。
3. 小さめのフライパンにバターを熱し、**2**のさつまいもを両面焼く。

ごはん（1人分160g）269 kcal

ごはんは詰めて冷ましておき、ふたを閉める前に好みでふりかけをふる。

Time Schedule

	前夜すること	0	5	10	15分
ポークソテー	・豚肉をたたいておく			・ポークソテーを作る	
チーズえんどう	・すじをとり除いておく	・塩ゆでしてチーズを詰める			
さつまいものバター焼き	・作り方1まで終わらせる		・作り方2を終わらせる	・フライパンで焼く	

朝15分でできる定番弁当

にんじんの肉巻き弁当

788 kcal

野菜に肉を巻くところまで、前日にすませておきましょう。
野菜はいんげん、アスパラなど手元にあるものでOKです。

朝15分でできる定番弁当

メインおかず 424 kcal
にんじんの肉巻き

材料(1人分)

豚バラ薄切り肉(長さ30cmくらい)	3～4枚
にんじん	½本
片栗粉	適量
A　トマトケチャップ	大さじ2
中濃ソース、みりん	各小さじ1
油	適量

作り方

1. にんじんは長さ4～5cmのスティック状に切り、熱湯でゆでる。
2. 豚肉は広げて長さを半分に切り、1のにんじん4～5本を置いて巻く。
3. 2に片栗粉をまぶす。Aは合わせる。フライパンに油を薄くひいて火にかけ、肉の巻き終わりを下にして入れて焼き、転がしながら全面を焼き、Aを加えてからめる。

Point ここでしっかり巻くことが肝心。これで肉とにんじんの一体感のあるおいしい肉巻きになる。

サブおかず 55 kcal
いんげんのごまあえ

材料(1人分)

さやいんげん	5本
A　しょうゆ、砂糖	各小さじ1
白すりごま	小さじ2

作り方

さやいんげんはヘタをとり除き、塩ゆでして湯をしっかりきる。長さ3cmに切り、Aであえる。

ごはん (1人分160g) 269 kcal

ごはんは詰めて冷ましておき、ふたを閉める前に好みで、ゆかりをふる。

サブおかず 31 kcal
マヨコーン

材料(1人分)

コーン	大さじ1
マヨネーズ	小さじ½
粉チーズ	適量

作り方

1. コーンはマヨネーズを加えて混ぜ、アルミカップに入れる。
2. 粉チーズをふってオーブントースターで焼き色がつくまで焼く。

Point オーブントースターOKのアルミカップに入れて焼く。

サブおかず 9 kcal
ミニトマト

材料と作り方(1人分)

ミニトマト3個はヘタをとり除く。

Time Schedule

	前夜すること	0	5	10	15分
にんじんの肉巻き	・作り方2まで終わらせる			・片栗粉をまぶし、フライパンで焼いて調味料Aで仕上げる	
いんげんのごまあえ	・へたをとり除いておく	・塩ゆでして調味料Aであえる			
マヨコーン			・マヨコーンをトースターで焼く		
ミニトマト		・ヘタをとり除き、水けをふく			

ピーマンの肉詰め弁当

849 kcal

ひと手間かかるピーマンの肉詰めも前日に仕込めば問題なし！
うずら卵のカレーマリネも作っておくと味がなじんでおいしい。

朝15分でできる定番弁当

メインおかず 462 kcal
ピーマンの肉詰め

材料（1人分）

ピーマン	2個
片栗粉	適量
合いびき肉	100g
塩、こしょう	各少々
パン粉	大さじ1
A トマトケチャップ	大さじ2
中濃ソース、みりん	各小さじ2
水	大さじ4
油	適量

作り方

1. ひき肉は塩、こしょう、パン粉を加えて合わせてよくこねる。
2. ピーマンは縦半分に切り、種とワタをとり除き、内側に片栗粉をまぶして**1**を詰める。
3. Aは合わせる。フライパンに油を薄くひいて火にかけ、肉の面を下にして入れて焼き、焼き色がついたらひっくり返して焼き、Aを加えてふたをして煮つめる。

Point 片栗粉が接着剤になるので、スプーンで隅までしっかり詰めること。

サブおかず 38 kcal
小松菜としらすのおひたし

材料（1人分）

小松菜	50g
しらす	大さじ1
めんつゆ（3倍濃縮）	小さじ1
削り節	少々

作り方

1. 小松菜はゆでて水にさらして、水けをしぼる。長さ3cmに切る。
2. **1**にめんつゆ、しらす、削り節を加えてあえる。

Point しらすと削り節は味わいがよいだけではなく、汁けを吸うので時間がたっても汁が出ない。

サブおかず 80 kcal
うずら卵のカレーマリネ

材料（1人分）

うずら卵（水煮）	4～5個
A カレー粉	小さじ½
めんつゆ（3倍濃縮）	小さじ2
水	大さじ2

作り方

1. 耐熱容器にAを入れて、電子レンジで40～50秒加熱する。
2. 保存袋に**1**とうずら卵を入れて、ひと晩浸ける。

ごはん （1人分160g） 269 kcal

ごはんは詰めて冷ましておき、ふたを閉める前にのりで飾る。

Time Schedule

	前夜すること	0	5	10	15分
ピーマンの肉詰め	・作り方2まで終わらせる			・フライパンで焼き、調味料Aで仕上げる	
小松菜としらすのおひたし		・小松菜をゆでてあえる			
うずら卵のカレーマリネ	・作って味をなじませておく		・汁けをきって半分に切る		

871 kcal 焼き肉弁当

焼き肉をごはんにのせると、ごはんとなじんで冷めてもおいしい。
肉には前夜から下味をからめておきましょう。

メインおかず 458 kcal
焼き肉

材料（1人分）
牛バラ肉*	120g
A しょうゆ	大さじ1
砂糖、みりん、酒	各小さじ1
豆板醤、おろしにんにく	各小さじ1/4
長ねぎ	5cm
白いりごま	適量
油	適量

＊脂身が少なめのものを

作り方
1. ねぎは斜め薄切りにして、牛肉と一緒にAに浸ける。
2. フライパンに油を薄くひいて火にかけ、1を広げて入れて焼き、いりごまをふる。

Point 肉をねぎと一緒に浸けると、ねぎの香味が牛肉のクセを消して風味がよくなる。前夜から浸けておくとよい。

サブおかず 38 kcal
ほうれん草のチーズ焼き

材料（1人分）
ほうれん草	50g
めんつゆ（3倍濃縮）	小さじ1
ピザ用チーズ	8g

作り方
1. ほうれん草は長さ3cmに切り、ゆでて水にさらし、水けをしぼって、めんつゆであえる。
2. 1をアルミカップに入れ、チーズをのせてオーブントースターで焼き色がつくまで焼く。

ごはん（1人分160g）269 kcal

ごはんは詰めて冷ましておく。

サブおかず 106 kcal
切り干し大根とかにかまのサラダ

材料（1人分）
切り干し大根	12g
かに風味かまぼこ	1本
枝豆（冷凍）	10粒
ポン酢しょうゆ	大さじ1/2
マヨネーズ	小さじ1
塩、こしょう	各適量

作り方
1. 切り干し大根は水に浸してもどして、しぼる。かにかまは裂く。
2. 1に、さやから取り出した枝豆、ポン酢しょうゆ、マヨネーズを加えて混ぜ。塩、こしょうで味をととのえる。

Point 切り干し大根はたっぷりの水に10分ほど浸してもどし、しっかり水けをしぼる。歯ごたえを残すために下ゆでなしでOK。

Time Schedule

	前夜すること	0	5	10	15分
焼き肉	・作り方1まで終わらせる			・フライパンで焼く	
ほうれん草のチーズ焼き	・作り方1まで終わらせる	・アルミカップに入れてチーズをのせてトースターで焼く			
切り干し大根とかにかまのサラダ	・作り方1まで終わらせる	・枝豆を解凍し、材料を合わせて混ぜる			

悩めるお年頃の思春期に
お弁当カロリーdownテクニック

お弁当のカロリーを抑えたいとリクエストがあったときに、
単純に量を減らすのはNG。全体の栄養バランスはキープすることが大事です。

　ダイエットが気になるといっても、中学・高校生は成長期。カロリーはセーブしても、体の成長のために500kcalは必要です。お子さんの気持ちに寄り添いながら、栄養バランスはキープした健康的なカロリー控えめのお弁当を目指しましょう。

　カロリーダウンの方法で一番簡単なのがごはんの量を少し減らすこと。本書で紹介しているお弁当のごはんの量は茶碗1杯分（160g）が基準ですが、それをおにぎり1個分（100g）にすれば101kcal減らすことができます。また、白米を低GI食品（血糖値の上昇がゆるやかな食品）である雑穀米に変えるのも有効です。白米よりも少しカロリーが抑えられるだけでなく、食物繊維やビタミン、ミネラルといった栄養価が高く腸内環境もととのえてくれます。

　また、使う食材を低脂肪高タンパクなものに変えるのもおすすめです。鶏肉ではむね肉やささみを使い、豚肉や牛肉も脂質の少ない赤身を選びます。良質な資質とタンパク質は美肌と美髪にも効果的です。

さけのピカタ弁当 (p.36)

ごはん160gを100gに change!　→　101kcal down!

Total 642kcal → 541kcal

鶏の照り焼き弁当 (p.26)

ごはん160gを100gに change!　↓　101kcal down!

鶏もも肉120gを鶏ささみ120gに change!　↓　166kcal down!

Total 799kcal → 532kcal

Part 2

1か月 お弁当カレンダー

お弁当作りが始まって、最初の大きな悩みは
「毎日なにを作るか考えるのが大変」なこと。その声に応えて、
無理なく続けられる4週間分のお弁当を紹介します。

2週間目 金曜日

これで安心！1か月ラクラクお弁当カレンダー

魔人ポイント1　素材の使いまわしもばっちり！

特に副菜用の野菜は中途半端に余りがち。このカレンダーでは、1週間単位でゆるやかに使いまわせるように工夫しているよ。

月	火	水	木	金	土	日
薄揚げソースカツ丼弁当 ▶p.56	うずら卵の肉巻きチャップ弁当 ▶p.57	ソーセージカツ弁当 ▶p.58	かじきのチーズ照り焼き弁当 ▶p.59	ささみフライ弁当 ▶p.60	お休み	お休み
塩カルビのっけ丼弁当 ▶p.61	いわしとエリンギのかば焼き丼弁当 ▶p.62	ハムカツ弁当 ▶p.63	ポークチャップ弁当 ▶p.64	さけの竜田揚げ弁当 ▶p.65	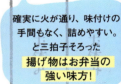	
キャベツ春巻き弁当 ▶p.66	チーズハンバーグ弁当 ▶p.67	えびフライ弁当 ▶p.68	オムそば弁当 ▶p.69	ぶりカツ弁当 ▶p.70	お休み	お休み
スパイシーチキン弁当 ▶p.71	かじきの甘酢炒め弁当 ▶p.72	親子丼弁当 ▶p.73	から揚げ弁当 ▶p.74	カレーピラフ弁当 ▶p.75	お休み	お休み

魔人ポイント2　困ったときの揚げ物頼み！

確実に火が通り、味付けの手間もなく、詰めやすい。と三拍子そろった**揚げ物はお弁当の強い味方！**

魔人ポイント3　同じお弁当箱を使いまわそう！

お弁当は詰めるのもわりと時間がかかるもの。慣れないうちは、**毎日同じお弁当箱**に詰めて、配置や分量などの感覚をつかむといいよ。

おいしそうだしこれなら娘も喜ぶわねっ

なるほど〜

55

1週目 月曜日

薄揚げソースカツ丼弁当

769 kcal

薄切り肉を重ねて揚げると、失敗なく火がとおります。ごはんにキャベツを敷いてのっけるのがコツ。

メインおかず 698 kcal
薄揚げソースカツ丼

材料(1人分)
- 豚肉しょうが焼き用 ……………… 2枚
- 塩、こしょう ……………………… 各少々
- キャベツのせん切り ……………… 1枚分
- 水、小麦粉 ………………………… 各大さじ2
- パン粉、とんかつソース ………… 各適量
- 揚げ油 ……………………………… 適量
- ごはん ……………………………… 160g

作り方
1. ごはんはお弁当箱に詰める。キャベツは耐熱容器に入れてふんわりとラップをし、電子レンジで40～50秒加熱する。
2. 豚肉は広げて塩、こしょうをふり、2枚重ねる。水溶き小麦粉、パン粉を順にまぶして揚げ油(180℃)で揚げる。粗熱がとれたら食べやすく切る。
3. 1のごはんの上に1のキャベツをのせ、2のカツをのせてソースをかける。

サブおかず 62 kcal
ごまチーズポテト

材料(1人分)
- じゃがいも ………………………… 50g※
- 粉チーズ …………………………… 小さじ1
- 黒いりごま、塩、こしょう ……… 各適量

※p.57の「ツナポテト」用、p.58の「ポテマヨチーズ」用もまとめて200gくらいゆでておいてもよい

作り方
1. じゃがいもは皮をむき、細長く切って塩ゆでし、湯をすてて水分をとばす。
2. 粉チーズ、黒ごまをまぶし、塩とこしょうで味をととのえる。

プラスおかず 9 kcal
ミニトマト

ミニトマト3個はヘタをとり除き、水けをふく。

うずら卵の肉巻きチャップ弁当

786 kcal

薄切り肉はうずら卵に巻いてチャップ味をからめてボリュームアップ！

1か月お弁当カレンダー

メインおかず 342 kcal

うずら卵の肉巻きチャップ

材料（1人分）
豚薄切り肉*	5〜6枚
塩	少々
うずら卵（水煮）	5〜6個
片栗粉	適量
A トマトケチャップ	大さじ1と1/2
中濃ソース、みりん	各大さじ1/2
油	適量

*豚肉は、薄ければこま切れ肉でもOK

作り方
1. 豚肉は広げて塩をふる。Aは合わせる。
2. うずら卵は片栗粉をまぶし、1の肉で巻き、片栗粉を全体にまぶす。
3. フライパンに油を薄くひいて火にかけ、2を入れて転がしながら全面を焼き、Aを加えて煮からめる。

サブおかず 92 kcal

チーズとちくわと野菜のくるくる

材料（1人分）
ちくわ	1本
きゅうり（薄いスライス）	2枚
にんじん（薄いスライス）	2枚
プロセスチーズ（7mm角×長さ3cm）	2個

作り方
1. ちくわは縦半分に切る。
2. 1は内側を下にして伏せて置き、きゅうり、にんじんを重ね、チーズを端に置いてチーズを軸にしてくるくる巻き、楊枝でとめる。

ごはん＋焼きたらこ＋白いりごま
（1人分160g）269 kcal

サブおかず 80 kcal

ツナポテト

材料と作り方（1人分）
ゆでじゃがいも40gは粗くつぶして、ツナ大さじ1/2、マヨネーズ小さじ1を加え、塩、こしょう各少々で味をととのえる。

プラスおかず 3 kcal

塩ゆでアスパラガス 1本

1週目 火曜日

1週目 水曜日

742 kcal

ソーセージカツ弁当

魚肉ソーセージを青のり入りパン粉で香ばしいフライに。

メインおかず 377 kcal
ソーセージカツ

材料(1人分)
魚肉ソーセージ……………………1本
小麦粉、水……………………各大さじ2
パン粉……………………大さじ4〜5
青のり……………………小さじ½
揚げ油……………………適量

作り方
1 パン粉に青のりを加えて混ぜる。
2 魚肉ソーセージは水溶き小麦粉、1のパン粉を順にまぶして、揚げ油(180℃)で揚げる。

サブおかず 70 kcal
ポテマヨチーズ

材料(1人分)
じゃがいも*……………………30g
マヨネーズ……………………大さじ½
塩、こしょう……………………各少々
粉チーズ……………………適量
*p.56の「ごまチーズポテト」のときに多めにゆでておくと時短になる

作り方
1 じゃがいもはゆでて粗くつぶし、マヨネーズ、塩、こしょうを加えて混ぜ、アルミカップに入れる。
2 粉チーズをふってオーブントースターで焼く。

プラスおかず 7 kcal
ゆでブロッコリー
小房2個(20g強)

俵形のおにぎり 288 kcal

材料と作り方(1人分)
ごはん160gは、半分はさけフレーク大さじ1を混ぜてにぎり、半分は白いままにぎって焼きのりを巻く。

1週目 木曜日

かじきのチーズ照り焼き弁当 676 kcal

冷めるとパサパサになりやすいかじきは
スライスチーズをのせてしっとりクリーミーに。

メインおかず 236 kcal

かじきのチーズ照り焼き

材料(1人分)
- かじき ……………………… 1切れ(80g)
- A[しょうゆ、酒、みりん、砂糖 ……………………… 各小さじ1]
- スライスチーズ ……………………… 1枚
- 油 ……………………… 適量

作り方
1. かじきは幅2～3cmに切って、Aに浸ける。
2. アルミホイルを広げて薄く油を塗り、1を並べてのせてオーブントースター(または魚焼きグリル)で焼いて火をとおす。
3. チーズをのせ、さらにチーズが溶けるまで焼く。

サブおかず 82 kcal

ブロッコリーとミニトマトのマスタードマヨあえ

材料(1人分)
- ブロッコリー小房(ゆでる) ……………………… 3～4個
- ミニトマト(半分に切る) ……………………… 2個分
- A[粒マスタード ……………………… 小さじ1 / マヨネーズ ……………………… 小さじ2]
- 塩、こしょう ……………………… 各少々

作り方
Aを混ぜ、ブロッコリーとミニトマトをあえて塩、こしょうで味をととのえる。

サブおかず 77 kcal (½量)

青のり卵焼き

材料と作り方(作りやすい分量)
卵1個は割りほぐし、塩少々、みりん小さじ1、青のり小さじ¼を加えて混ぜる。卵焼き用のフライパンに油を薄くひいて火にかけ、卵液を流し入れて焼く。

プラスおかず 12 kcal

塩ゆでスナップえんどう 2～3個

ごはん +焼きのり
(1人分160g) 269 kcal

1週目 金曜日

781 kcal ささみフライ弁当

鶏ささみはスティック状に切って
フライにするとごちそう感アップ。

プラスおかず 45 kcal
ゆで卵の輪切り ½個分＋塩

ごはん＋ヤングコーン（水煮）
（1人分160g） 269 kcal

メインおかず 375 kcal
ささみフライ

材料（1人分）
鶏ささみ	2本
塩、こしょう	各少々
水、小麦粉	各大さじ2
パン粉	適量
揚げ油	適量

作り方
1 ささみはすじをとり除き、縦に3等分に切り、長さを半分に切ってスティック状にする。
2 塩、こしょうをふり、水溶き小麦粉、パン粉を順にまぶし、揚げ油（180℃）で揚げる。

サブおかず 71 kcal
ちくわたらこ

材料（1人分）
ちくわ	1本
A ┌ たらこ	大さじ½
└ マヨネーズ	小さじ½

作り方
1 ちくわは縦半分に切り、長さを半分に切る。Aは混ぜ合わせる。
2 ちくわの溝にAを詰め、オーブントースターで約2分焦げすぎないように様子をみながら焼く。

サブおかず 21 kcal
スナップえんどうの
ごままぶし

材料（1人分）
スナップえんどう	3〜4個
A ┌ しょうゆ	小さじ½
└ 白いりごま	小さじ½

作り方
スナップえんどうはすじをとり除いて塩ゆでし、食べやすい大きさに切ってAであえる。

| 840 kcal | **塩カルビ のっけ丼弁当** |

にんにくは使わず、酒とレモン汁と鶏がらスープの素で調味するのがコツ。

2週目 月曜日

メインおかず 681 kcal

塩カルビのっけ丼

材料（1人分）

豚焼肉用カルビ肉	120g
塩	少々
長ねぎ（粗みじん切り）	10cm分
A 酒、レモン汁	各大さじ½
鶏がらスープの素	小さじ½
水	大さじ3
片栗粉	小さじ½
粗びき黒こしょう	適量
油	適量
ごはん	160g

作り方

1. ごはんはお弁当箱に詰める。Aは合わせる。豚肉は塩をふる。
2. フライパンに油を薄くひいて火にかけ、1の肉を入れて両面焼き、長ねぎとAを加えてからめ、こしょうをふる。
3. 1のごはんの上に2の肉を並べる。

サブおかず 87 kcal

エリンギの オイスターソース炒め

材料（1人分）

エリンギ	1本
片栗粉	適量
A オイスターソース	小さじ1
みりん	小さじ2
塩、こしょう、油	各適量

作り方

1. エリンギは石づきを切り落とし、縦に薄切りにし、かるく片栗粉をまぶす。
2. フライパンに油を薄くひいて火にかけ、1を入れて焼き、Aを加えてからめ、塩、こしょうで味をととのえる。

サブおかず 39 kcal

塩もみラディッシュ

材料と作り方（1人分）

ラディッシュ3〜4個は輪切りにし、塩少々でもみ、ごま油小さじ½であえる。

サブおかず 33 kcal

ほうれん草のごまポン酢あえ

材料と作り方（1人分）

ほうれん草50gはゆでて水にさらし、水けをしっかりしぼり、長さ3cmに切る。白すりごま小さじ2、ポン酢しょうゆ小さじ2を加えてあえる。

2週目 火曜日

いわしとエリンギのかば焼き丼弁当 779kcal

いわしのかば焼きとちょっと甘い卵焼きがよく合います。

メインおかず 584 kcal

いわしとエリンギのかば焼き丼

材料（1人分）

いわし（開いて骨を取り除いたもの）	1尾
エリンギ	1本
しょうが汁	小さじ1
片栗粉	大さじ½
A　酒、水	各大さじ1
しょうゆ、みりん	各小さじ2
砂糖	小さじ1
白いりごま	適量
油	適量
ごはん	160g

作り方

1. ごはんはお弁当箱に詰める。Aは合わせる。
2. いわしはしょうが汁をまぶし、エリンギは石づきを切り落とし、縦に食べやすい太さに切り、それぞれ片栗粉をまぶす。
3. フライパンに油を薄くひいて火にかけ、2を入れ（いわしは皮を下にして入れる）、色よく焼けたら裏返して火をとおし、Aを加えてからめる。
4. 1のごはんの上に3を並べ、いりごまをふる。

サブおかず 143 kcal

にんじん入り卵焼き

材料（1人分）

卵	1個
A　にんじん（すりおろす）	大さじ1
みりん	小さじ1
しょうゆ	小さじ¼
油	適量

作り方

1. ボウルに卵を割り入れ、Aを加えてよく混ぜ合わせる。
2. 卵焼き用のフライパンに油を薄くひいて火にかけ、1を2〜3回に分けて流し入れ、奥から手前に折りたたんで奥に寄せながら卵焼きを焼く。
3. 粗熱がとれたら、詰めやすい大きさに切る。

サブおかず 52 kcal

ほうれん草とコーンのソテー

材料と作り方（1人分）

ほうれん草50g（長さ約3cmに切る）とコーン大さじ1をオリーブ油小さじ1で炒め、塩、こしょう各少々で味をととのえる。

メインおかず 259 kcal
ハムカツ

材料（1人分）

ハム	3枚
小麦粉、ほぐし卵*、パン粉	各適量
揚げ油、ソース	各適量

＊うずら卵（生）2個でもよい

作り方

1. ハム3枚は重ねて、半分に切り、小麦粉、溶き卵、パン粉を順にまぶす。
2. 揚げ油（180℃）で揚げる。食べやすい大きさに切り、ソースをかける。

サブおかず 105 kcal （½量）
きのこの甘辛バター炒め

材料（作りやすい分量*）

しめじ、まいたけ	合わせて150g
エリンギ	1本
バター	10g
A　みりん	大さじ2
酒、しょうゆ	各小さじ2
好みで赤唐辛子の輪切り	適量

＊多めに作り、p.65の「きのこごはん」分をとりおく。きのこ類はそのままでは傷みが早く香りも消えやすいので、まとめて料理しておくと無駄がない

作り方

1. しめじ、まいたけは石づきを切り落とし、小房に分ける。エリンギは石づきを切り落とし、縦に薄切りにする。
2. フライパンにバターときのこを入れて炒め、油が回ったらAを加えて水分がとぶまで炒りつける。

サブおかず 171 kcal
枝豆入り卵焼き

材料と作り方（1人分）

ボウルに卵1個を割りほぐし、塩とこしょう各少々、マヨネーズ小さじ1と粗くきざんだ枝豆大さじ1を加えて混ぜる。卵焼き用のフライパンに油を薄くひいて火にかけ、卵焼きを焼く。

ハムカツ弁当　823 kcal

ハムカツは厚切り1枚よりも薄切り3枚重ねが断然おいしい。

2週目　水曜日

1か月お弁当カレンダー

プラスおかず 19 kcal
**いんげん1本と
にんじん輪切り2枚の塩ゆで**

ごはん+白いりごま
（1人分160g）269 kcal

ポークチャップ弁当

770 kcal

お弁当にはひと口大に切って焼き、味をしっかりからめます。

2週目 木曜日

サブおかず 63 kcal
ラディッシュのピクルス

材料と作り方（1人分）
1. ラディッシュ4～5個はくし形に切り、塩少々をふってもむ。
2. 耐熱容器にレモン汁大さじ1、砂糖大さじ½、塩少々、水大さじ1を入れて電子レンジで30～40秒加熱し、1をあえる。

メインおかず 286 kcal
ポークチャップ

材料（1人分）
- 豚肉とんカツ用 …… 1枚
- 塩 …… 少々
- 小麦粉 …… 適量
- A ┌ トマトケチャップ …… 大さじ1
-   │ しょうゆ、酒 …… 各小さじ1
-   └ 砂糖 …… 小さじ½
- 油 …… 適量

作り方
1. 豚肉はひと口大（約2cm四方）に切り、塩をふり、小麦粉をまぶす。
2. フライパンに油を薄くひいて火にかけ、1を入れて焼き、焼き色が全体について火がとおってきたらAを加え、炒めてからめる。

サブおかず 125 kcal
コーンの落とし焼き

材料（1人分）
- コーン（缶） …… 大さじ2
- A ┌ ほぐし卵* …… 大さじ1
-   │ 小麦粉 …… 大さじ1
-   │ 粉チーズ …… 小さじ½
-   └ 塩 …… 少々
- 水 …… 小さじ1～2
- 油 …… 適量

*うずら卵1個を割りほぐしてもよい

作り方
1. ボウルにコーンとAを入れて混ぜ合わせ、水を少しずつ加えてポテッとするくらいのかたさにする。
2. フライパンに油を薄くひいて火にかけ、1をスプーンで落として直径3～5cmくらいの小さな円形にし、両面焼いて火をとおす。

プラスおかず 27 kcal
ゆで枝豆の楊枝刺し
（解凍）16～18粒

ごはん（1人分160g） 269 kcal

メインおかず 262 kcal

さけのスティック竜田揚げ

材料(1人分)

生さけ	1切れ
A しょうゆ、酒、みりん	各小さじ2
しょうが汁	小さじ½
塩、こしょう	各少々
片栗粉	適量
グリーンアスパラガス	2本
揚げ油	適量

作り方

1 生さけは皮、骨をとり除き、スティック状に切ってAをからめる。

2 アスパラはハカマをとり除き、根元のかたい部分を切り落として、長さ4cmくらいに切って1に加える。

3 2に片栗粉をまぶし、揚げ油(180℃)で揚げる。

サブおかず 112 kcal

いんげんとにんじんのピーナッツバターあえ

材料と作り方(1人分)

さやいんげん5本と輪切りのにんじん2〜3枚はゆでて湯をきり、しょうゆ小さじ¼とピーナッツバター(チャンク、加糖タイプ)大さじ1であえる。

サブおかず 139 kcal

梅干し入り卵焼き

材料と作り方(1人分)

ボウルに卵1個を割りほぐし、梅干し1個(種をとり除いてたたく)、しょうゆ小さじ½、みりん小さじ1を加えて混ぜる。卵焼き用のフライパンに油を薄くひいて火にかけ、卵焼きを焼く。

＊はちみつ入りの梅干しの場合はみりんは不要

2週目 金曜日

さけの竜田揚げ弁当 887 kcal

下味をつけて揚げた香ばしいさけときのこごはんは相性抜群です。

きのこごはん 374 kcal

材料と作り方(1人分)

p.63の2週目の水曜日に½量取りおいた「きのこの甘辛バター炒め」は、電子レンジで1分30秒〜2分再加熱し、温かいごはん160gに混ぜ、塩、こしょう各少々で味をととのえる。

キャベツ春巻き弁当

649 kcal

せん切りキャベツとうずら卵とチーズを春巻きの皮で巻いて揚げたら、おいしい！

3週目 月曜日

プラスおかず	6 kcal

ミニトマト

ミニトマト2個はヘタをとり除き、水けをふく。

ごはん ＋昆布の佃煮
（1人分160g）269 kcal

メインおかず 242 kcal（¾量）

キャベツ春巻き

材料（作りやすい分量）
キャベツのせん切り	80g
塩	ひとつまみ
うずら卵（水煮）	3〜4個
マヨネーズ	小さじ2
春巻きの皮	2枚
梅干し	1個
ピザ用チーズ	小さじ4
水、小麦粉	各大さじ2
揚げ油	適量

作り方
1. キャベツは塩でもみ、水けをしぼる。梅干しは種をとり除き、包丁でたたく。
2. うずら卵は半分に切り、1のキャベツと合わせてマヨネーズであえる。
3. 春巻きの皮に梅干し、チーズ、2を等分にのせて巻き、端に水溶き小麦粉を塗ってとじる。揚げ油（180℃）で揚げる。

サブおかず 94 kcal

かぼちゃとレーズンのグラッセ

材料と作り方（1人分）
かぼちゃ50gは厚さ7〜8mm、長さ3cmに切る。耐熱容器に入れ、バター3g、砂糖小さじ½、水小さじ1を加えてふんわりとラップをして、電子レンジで1分30秒加熱する。レーズン大さじ1を加えて混ぜ、塩少々で味をととのえる。

サブおかず 38 kcal

小松菜とベーコンのマスタード炒め

材料と作り方（1人分）
小松菜50gは長さ3〜4cmに切り、ベーコン½枚は細切りにする。フライパンに油を薄くひいて小松菜を炒め、しんなりしたら粒マスタード小さじ1を混ぜ、塩、こしょう各少々をふる。

3週目 火曜日

1か月お弁当カレンダー

| メインおかず | 396 kcal |

チーズハンバーグ

材料（1人分）

合いびき肉　　　　　　　　　　　80g
A ┌ 塩、こしょう、ナツメグ（あれば）‥各少々
　│ ほぐし卵*‥‥‥‥‥‥‥‥‥‥‥1/3個分
　│ 玉ねぎ（みじん切り）‥‥‥30g（約1/6個分）
　└ パン粉‥‥‥‥‥‥‥‥‥‥‥‥大さじ1
B ┌ トマトケチャップ‥‥‥‥‥‥大さじ1と1/2
　│ 中濃ソース、みりん‥‥‥‥‥各小さじ1
　└ 水‥‥‥‥‥‥‥‥‥‥‥‥‥大さじ3
ピザ用チーズ‥‥‥‥‥‥‥‥‥‥‥適量
キャベツ‥‥‥‥‥‥‥‥‥‥‥‥‥1枚
ミニトマト‥‥‥‥‥‥‥‥‥‥‥‥2個
油‥‥‥‥‥‥‥‥‥‥‥‥‥‥‥‥適量
*うずら卵（生）2個でもよい

作り方

1. ボウルにひき肉を入れ、Aを加えてよくこねる。2等分して形を整える。
2. フライパンに油を薄くひいて火にかけ、1を入れて強火で両面色よく焼く。Bを加えてふたをし、火を弱めて、ソースにとろみがつくまで煮込む。火を止め、チーズをのせてふたをし、余熱で溶かす。
3. キャベツはざく切りにして耐熱容器に入れ、ふんわりとラップをして電子レンジで40～50秒加熱する。詰めるときに、キャベツを敷き、2のハンバーグを入れる。

| サブおかず | 35 kcal |

ブロッコリーのじゃこあえ／ミニトマト

材料と作り方（1人分）

ブロッコリー小房2～3個はゆでて湯をきり、ちりめんじゃこ大さじ1としょうゆ小さじ1/2であえる。ミニトマト2個はヘタをとり除き、水けをふく。

| プラスおかず | 45 kcal |

キウイフルーツ（1/2個）

ごはん＋うずら卵（水煮）
（1人分160g）269 kcal

745 kcal

チーズハンバーグ弁当

ハンバーグをソースで煮込んでチーズをのせると、うま味たっぷり。

67

3週目 水曜日 えびフライ弁当 636 kcal

なぜかテンションが上がるえびフライ。まっすぐに形を整えて揚げるのがコツです。

ミニおにぎり 274 kcal

材料と作り方（1人分）

ごはん160gは2等分する。半分は種を除いてたたいた梅干し10gを混ぜ、2等分してにぎる。残り半分は塩をまぶして2等分して丸く握り、半分に切った青じそを巻く。

プラスおかず ミニトマト 6 kcal

ミニトマト2個はヘタをとり除き、水けをふく。

メインおかず えびフライ 233 kcal

材料（1人分）

えび（ブラックタイガーなど）	3〜4尾
塩、こしょう	各少々
A　小麦粉、ほぐし卵*	各大さじ1
水	小さじ2
パン粉	適量
揚げ油	適量

*うずら卵（生）2個でもよい

作り方

1. えびは尾を残して殻をむき、背ワタを取り除く。尾は斜め半分に切り、中の水けを包丁の背でしごき出す。えびの腹側に切り目を入れ、すじを切ってまっすぐに形を整える。
2. Aは混ぜ合わせる。1に塩、こしょうをふり、Aにくぐらせ、パン粉をまぶし、揚げ油（180℃）で揚げる。

サブおかず 小松菜のごまチーズ焼き 47 kcal

材料（1人分）

小松菜	20g
A　ごま油	小さじ½
しょうゆ、白いりごま	各少々
ピザ用チーズ	小さじ2

作り方

小松菜は塩ゆでし、水にさらして水けをしぼる。長さ2〜3cmに切り、Aであえる。アルミカップに入れてチーズをのせ、オーブントースターで色づくまで焼く。

サブおかず はんぺんの甘辛焼き 76 kcal

材料と作り方（1人分）

はんぺん¼枚は詰めやすい大きさに切る。フライパンに油を薄くひいて火にかけ、はんぺんを入れて色よく焼き、しょうゆ小さじ¼、みりん小さじ½を加えてからめ、白いりごま少々をふる。

メインおかず 651 kcal
オムそば

材料(1人分)

中華蒸しめん	1玉
豚バラ薄切り肉	30g
にんじん(短冊切り)	30g
キャベツ(ざく切り)	1枚分
A 中濃ソース	大さじ2
しょうゆ	小さじ1
卵	1個
塩、こしょう	各適量
中濃ソース、マヨネーズ、青のり	各適量
油	適量

作り方

1. 豚肉は幅1cmに切る。
2. フライパンに油を薄くひいて火にかけ、1とにんじん、キャベツを炒め、肉の色が変わったら中華蒸しめん、水大さじ2(分量外)を加えてほぐしながら蒸し焼きにする。Aを加えて混ぜ、塩、こしょう各少々で味をととのえる。
3. 卵は割りほぐし、塩ひとつまみを加えて薄焼き卵を焼く。
4. お弁当箱に焼きそばを詰め、薄焼き卵をのせ、中濃ソース、マヨネーズをかけ、青のりをふる。

サブおかず 98 kcal
魚肉ソーセージとブロッコリーのバターしょうゆ炒め

材料(1人分)

魚肉ソーセージ(輪切り)	½本分
ブロッコリー小房	3~4個
バター	3g
しょうゆ	小さじ½
塩、こしょう	各少々

作り方

フライパンにバターとブロッコリーを入れて炒め、水少々(分量外)を加えてブロッコリーに火をとおす。ソーセージを加えてさっと炒め、しょうゆを回し入れて塩、こしょうで味をととのえる。

792 kcal
オムそば弁当

焼きそばを薄焼き卵で包んで、ソースとマヨネーズと青のりで飾れば人気のオムそばに。

サブおかず 43 kcal
焼きかぼちゃ

材料と作り方(1人分)

かぼちゃ50g(5mmの薄切り)はオリーブ油適量をまぶし、魚焼きグリルかオーブントースターで焼き色がつくまで焼いて塩少々をふる。

3週目 木曜日

901 kcal ぶりカツ弁当

ぶりは塩をして少しおいて水けをふくのがコツ。

3 週目 金曜日

甘辛じゃこのせごはん 344 kcal

材料（1人分）
ごはん	160g
ちりめんじゃこ	大さじ1
ごま油	少々
A〔みりん、酒	各大さじ½
しょうゆ	小さじ¼
はちみつ	小さじ¼〕
白いりごま	小さじ¼

作り方

フライパンにごま油を熱し、じゃこを炒めてAを加えて汁けがなくなるまで炒め、いりごまを加えて混ぜる。粗熱がとれたら、ごはんにのせる。

メインおかず 317 kcal

ぶりカツ

材料（1人分）
ぶり	1切れ
塩、こしょう、好みのソース	各適量
小麦粉、ほぐし卵*、パン粉	各適量
揚げ油	適量

*うずら卵（生）2個でもよい

作り方

1 ぶりは2つに切り、塩をふって数分おいたらキッチンペーパーで水けをふき、こしょうをふり、小麦粉をまぶす。

2 溶き卵、パン粉を順にまぶして揚げ油（180℃）で揚げる。ソースをかける。

サブおかず 101 kcal

キャベツと玉ねぎと枝豆のコールスロー

材料と作り方（1人分）

1 キャベツのせん切り1枚分、玉ねぎの薄切り⅛個分は、それぞれ塩少々でもみ、キャベツは水けをしぼる。玉ねぎは水洗いしてから水けをしぼる。

2 1に枝豆大さじ1、マヨネーズ小さじ2、酢と砂糖各小さじ½を加えて混ぜ、塩、こしょう各少々で味をととのえる。

サブおかず 139 kcal （½量）

スパニッシュ風卵焼き

材料（作りやすい分量）
A〔かぼちゃ（1cm角切り）	30g
玉ねぎ（1cm角切り）	¼個分
ベーコン（細切り）	1枚分〕
B〔ほぐし卵2個分、塩小さじ¼、こしょう適量、ピザ用チーズ大さじ1〕	
油	適量

作り方

1 Aは耐熱容器に入れてふんわりとラップをし、レンジで1分20〜1分30秒加熱し、Bを加えて混ぜ合わせる。

2 卵焼き用のフライパンに油を薄くひいて火にかけ、1を入れて卵焼きを焼き、しっかり火をとおす。粗熱がとれたら詰めやすく切る。

メインおかず 302 kcal

スパイシーチキン

材料（1人分）

鶏むね肉	100g
塩、こしょう	各少々
A 酒	小さじ1
カレー粉	小さじ½
顆粒コンソメ	小さじ½
おろしにんにく	½片分
水	小さじ1
B 片栗粉	大さじ2
塩、粗びきこしょう、ナツメグ（あれば）	各少々
揚げ油	適量

作り方

鶏肉は2cm×5〜6cmのスティック状に切り、塩、こしょうをもみ込み、Aをからめる。混ぜ合わせたBをまぶして揚げ油（180℃）で揚げる。

サブおかず 41 kcal

ミックスビーンズのおかかマヨあえ

材料と作り方（1人分）

ミックスビーンズ大さじ2を削り節大さじ1、しょうゆ小さじ½、マヨネーズ小さじ1であえる。

サブおかず 54 kcal

もやしとピーマンのナムル

材料（1人分）

ピーマン	赤、緑各½個
もやし	30g
A 塩	少々
白すりごま	小さじ2
ごま油	小さじ1

作り方

ピーマンは細切りにし、もやしと一緒に耐熱ボウルに入れてふんわりとラップをして電子レンジで1分加熱し、Aを加えてあえる。

4週目 月曜日

スパイシーチキン弁当 666 kcal

酒とカレー粉とコンソメの下味で淡泊なむね肉も満足感ある味わいに。

ごはん＋たくあん
（1人分160g） 269 kcal

750 kcal **かじきの甘酢炒め弁当**
甘酢はケチャップを活用すれば、簡単。

4週目 火曜日

メインおかず 256 kcal
かじきと野菜の甘酢炒め

材料（1人分）
かじき	1切れ
塩	少々
片栗粉	適量
A　なす（乱切り）	1個分
ピーマン（乱切り）	½個分
玉ねぎ（約1.5cmの色紙切り）	⅙個分
B　トマトケチャップ	大さじ1と½
酒、酢、砂糖	各小さじ1
しょうゆ	小さじ½
油	適量

作り方
1. かじきは1切れを3～4等分に切って塩をふり、数分おいたらキッチンペーパーで水けをふき、片栗粉をまぶす。
2. フライパンに油を薄くひいて火にかけ、1を入れて色よく焼き、裏返して焼いてほぼ火がとおったら取り出し、油少々を足してAを入れて炒める。
3. 野菜に油が回って火がとおってきたら、かじきを戻し入れてBを加えてからめる。

サブおかず 94 kcal
きゅうりと豆のサラダ

材料（1人分）
きゅうり	¼本
玉ねぎ	⅛個
ミックスビーンズ	大さじ2
かに風味かまぼこ	1本
マヨネーズ	小さじ2
塩、こしょう	各適量

作り方
1. きゅうりは輪切りにして塩ひとつまみをふってもみ、水けをしぼる。玉ねぎは薄切りにして塩ひとつまみをふってもんで、水洗いして水けをしぼる。
2. ミックスビーンズ、食べやすく裂いたかにかま、1を合わせてマヨネーズであえ、塩、こしょうで味をととのえる。

サブおかず 131 kcal
枝豆の卵炒め

材料と作り方（1人分）
1. 卵1個は割りほぐし、枝豆10粒、鶏がらスープの素小さじ¼を加える。
2. 油を薄くひいたフライパンに1を流し入れて、菜箸でかき混ぜながら火をとおす。塩、こしょう各少々で味をととのえる。

ごはん＋ふりかけ
（1人分160g）269 kcal

4週目 水曜日

1か月お弁当カレンダー

メインおかず	607 kcal

親子丼

材料（1人分）

鶏もも肉（約2cm角切り）	80g
A　めんつゆ（3倍濃縮）	大さじ1と1/3
みりん	小さじ1
水	1/4カップ
玉ねぎ（薄切り）	1/6個分
卵	1個
紅しょうが	適量
ごはん	160g

作り方

1. ごはんはお弁当箱に詰める。卵はボウルに割りほぐす。
2. 小さめのフライパンにAと玉ねぎ、鶏肉を入れて火にかけ、玉ねぎがしんなりして肉に火がとおったら、1の卵を流し入れ、ふたをして火をとおす。
3. 1のごはんに2をのせる。ふたを閉める前に好みで紅しょうがを添える。

サブおかず	206 kcal

ピーマンとなすのみそ炒め

材料（1人分）

ピーマン（約2cmの色紙切り）	1/2個分
なす（約2cmの角切り）	1本分
ごま油	小さじ2
A　みそ	小さじ2
みりん	大さじ1
酒	大さじ1
砂糖	小さじ1/2
白いりごま	適量

作り方

Aは合わせる。フライパンにごま油を入れて火にかけ、ピーマンとなすを炒めて油が回ってしんなりしてきたらAを加えて炒め合わせ、いりごまをふる。

サブおかず	10 kcal

きゅうりの梅のせ

材料と作り方（1人分）

長さ3cmに切ったきゅうり2本はギザギザに切り込みを入れ、上に種を除いて包丁でたたいた梅干し適量をのせる。

823 kcal

親子丼弁当

お弁当は、つゆを控えめにしているので、味のアクセントに紅しょうがを。

4週目 木曜日

786 kcal **から揚げ弁当**

鶏肉は前夜から下味をつけておくと
しっかり味がなじんで冷めてもおいしい。

メインおかず 383 kcal
から揚げ

材料(1人分)
鶏もも肉 …………………………………… 120g
A ┌ おろししょうが ………………………… ½片分
　├ しょうゆ、酒 …………………………… 各小さじ1
　├ 鶏がらスープの素 ……………………… 小さじ½
　└ 塩、こしょう …………………………… 各少々
B ┌ 片栗粉 …………………………………… 大さじ1
　└ 小麦粉 …………………………………… 大さじ2
揚げ油 ……………………………………… 適量

作り方
鶏肉はひと口大に切り、Aに浸ける。Bを合わせてまぶし、揚げ油(180℃)で揚げる。

サブおかず 84 kcal
なすの揚げびたし

材料(1人分)
なす ………………………………………… 1本
A ┌ めんつゆ(3倍濃縮) …………………… 小さじ1
　└ おろししょうが ………………………… 少々

作り方
1 なすは皮に格子状に切り目を入れ、縦半分に切り、さらに長さを半分に切る。
2 から揚げを揚げる前の揚げ油(180℃)で素揚げし、Aをからめる。

サブおかず 44 kcal
ミックスビーンズのチーズあえ

材料と作り方(1人分)
ミックスビーンズ大さじ2は粉チーズ大さじ½、塩とこしょう各少々をまぶす。

プラスおかず 6 kcal
ゆで枝豆
さやつきのまま2個(解凍)

ごはん＋漬け物＋黒いりごま
(1人分160g) 269 kcal

メインおかず 382 kcal

カレーピラフ

材料(1人分)
ごはん	180g
ランチョンミート*	50g
玉ねぎ(みじん切り)	1/8個分
ピーマン(粗みじん切り)	赤、緑各1/2個分
オリーブ油	小さじ1
A 顆粒コンソメ	小さじ1/2
しょうゆ、カレー粉	各小さじ1
塩、こしょう	各適量

*厚切りハムやチャーシューでもOK

作り方
1. ランチョンミートは1cm角に切る。
2. フライパンにオリーブ油を入れ、玉ねぎを炒め、しんなりしたら1のランチョンミート、ピーマンを加えて炒める。
3. ごはんを加え、Aを加えて混ぜて炒め合わせ、塩、こしょうで味をととのえる。

サブおかず 310 kcal

ミニグラタン

材料(1人分)
マカロニ(早ゆでタイプ)	30g
かに風味かまぼこ	1〜2本
玉ねぎ(薄切り)	1/8個分
バター	5g
小麦粉	小さじ1
牛乳	1/2カップ
塩、こしょう	各適量
グリーンピース(冷凍)	6〜8粒
ピザ用チーズ	15g

作り方
1. マカロニはゆでる。かにかまは食べやすい大きさに裂く。
2. フライパンにバターと玉ねぎを入れて炒め、しんなりしたら小麦粉をふり入れて牛乳を加え、とろみがつくまで煮る。塩、こしょうで味をととのえ、グリーンピースを加える。
3. アルミカップに1のマカロニとかにかまを入れ、2のソースをかけ、チーズをのせてオーブントースターで焼き色がつくまで焼く。

772 kcal カレーピラフ弁当

パンチのあるカレー味と
クリーム味のダブルで大満足。

4週目 金曜日

プラスおかず 80 kcal

オレンジ(1/2個)

おにぎりバリエーション

今日はどの気分？

メインおかずがちょっとさびしいときは、おにぎりの変化球で満足度アップ！

こ〜んがり！うまい！

みそチーズ焼きおにぎり 241 kcal

材料と作り方（1人分）

1. みそ大さじ½、みりん小さじ¼、砂糖小さじ1を混ぜ合わせる。ごはん100gは三角ににぎる。
2. アルミホイルに油少々を薄く塗って、**1**のおにぎりをのせ、オーブントースターで4〜5分焼く。表に**1**の合わせみそを塗り、ピザ用チーズ適量をのせて焼き色がつくまで焼く。

いんげんと甘酢しょうがの巻きおにぎり 278 kcal

さっぱり味もうれしい♪

材料と作り方（1人分）

1. 焼きのり½枚を広げてかるく塩をふり、ごはん150gを敷きつめ、さやいんげんの塩ゆで4〜5本、甘酢しょうがの薄切り適量をのせて端から巻く。
2. ラップでくるんで三角柱状に形を整え、食べやすく切り分ける。

ボリューム満点！

鶏から揚げの天むす風 265 kcal

材料と作り方（1人分）

ごはん100gに鶏から揚げ1個をのせてにぎり、かるく塩をまぶし、焼きのり適量を巻く。

おにぎりバリエーション

キャロットライスのおにぎり 188 kcal

材料と作り方（1人分）

1. にんじんのすりおろし小さじ2は耐熱容器に入れ、バター少々を加えてふんわりとラップをし、電子レンジで30～40秒加熱する。
2. 1にごはん100gと顆粒コンソメ小さじ¼を加えて混ぜ、塩、こしょう各少々で味をととのえ、3等分して丸くにぎる。

無限に食べられそう

スティックおにぎり 318 kcal

材料と作り方（2本分）

1. グリーンアスパラガス½本、輪切りにしたウインナー1本は、油を薄くひいて火にかけたフライパンで焼く。きゅうり3cmは輪切りにして塩少々でもむ。
2. ごはん160gは2等分する。1つはアスパラを芯にして、塩をかるくまぶして細長くにぎり、ウインナーを上面にのせてラップで包む。
3. 残りのごはんにゆかり適量を加えて混ぜ、スティック状ににぎり、きゅうりを上面につけてラップで包む。

見た目はスリムでもお腹は大満足

ゆずこしょうはエライ！

昆布とチーズとゆずこしょうのおにぎり 206 kcal

材料と作り方（2個分）

ごはん100gに塩昆布3gと角切りにしたプロセスチーズ10g、ゆずこしょう小さじ¼を加えて混ぜ、2等分して俵形ににぎる。

卵焼きバリエーション

おいしさいろいろ！

メインおかずにもできるしっかり味の卵焼きです。卵焼きはお弁当の彩りになるだけではなく、形がしっかりしているのでほかのおかずが詰めやすくなります。

ごはんがすすむ〜

たらこ卵焼き 122 kcal（½量）

材料と作り方（作りやすい分量）

1. 卵2個は割りほぐし、塩少々を加えてよく混ぜる。
2. 卵焼き用のフライパンに油少々を熱し、1の⅓量を流し入れてたらこ½腹をのせて端から巻く。残りの卵液を2回に分けて流し入れ、折りたたんで巻いて焼く。粗熱がとれたら、食べやすく切る。

煮豆入り卵焼き 131 kcal（½量）

材料と作り方（作りやすい分量）

1. 卵2個は割りほぐし、塩少々、牛乳小さじ1を加えてよく混ぜ、甘い煮豆大さじ2を加える。
2. 卵焼き用のフライパンに油少々を熱し、1の⅓量を流し入れて焼き、奥から手前に折りたたんで焼き、残りの卵液を2回に分けて流し入れて折りたたんで巻いて焼く。粗熱がとれたら、食べやすく切る。

煮豆の甘さと食感がナイス

たんぱく質もカルシウムもたっぷり

しらす入り卵焼き 112 kcal（½量）

材料と作り方（作りやすい分量）

1. 卵2個は割りほぐし、しらす大さじ1としょうゆ小さじ1を加えて混ぜる。
2. 卵焼き用のフライパンに油少々を熱し、1の⅓量を流し入れて焼き、奥から手前に折りたたんで焼き、残りの卵液を2回に分けて流し入れ、折りたたんで巻いて焼く。粗熱がとれたら、食べやすく切る。

知っておくとべんりな 卵のあれこれ

目玉焼きは白身のゆるい部分をとり除くと、きれいに焼きあがる。網じゃくしでこすと簡単。

お弁当に入れるゆで卵は「かたゆで」。しっかり10分以上ゆでること。

卵焼きバリエーション

王道の満足感!!

ねぎ入り卵焼き 109 kcal （½量）

材料と作り方（作りやすい分量）

1. 卵2個は割りほぐし、長ねぎのみじん切り3cm分、めんつゆ（3倍濃縮）大さじ½を加えて混ぜる。
2. 卵焼き用のフライパンに油少々を熱し、1の⅓量を流し入れて焼き、奥から手前に折りたたんで焼き、残りの卵液を2回に分けて流し入れ、折りたたんで巻いて焼く。粗熱がとれたら、食べやすく切る。

のりチーズ卵焼き 192 kcal

材料と作り方（作りやすい分量）

1. 卵1個は割りほぐし、塩少々を加えてよく混ぜる。
2. 卵焼き用のフライパンに油少々を熱し、1の半量を流し入れて焼き、のり適量とスライスチーズ1枚をのせて端からくるくる巻いて丸く形を整え、残りの卵液を流し入れ、折りたたんで巻いて焼く。粗熱がとれたら、食べやすく切る。

のりとチーズは相性抜群

トースターで焼くだけ

カップ卵焼き 87 kcal

材料と作り方（直径6cmのアルミカップ2個分）

1. 卵1個は割りほぐし、塩とこしょう各少々、ミックスベジタブル大さじ1、ウインナーの輪切り1本分を加えて混ぜる。
2. 1をアルミカップに入れ、オーブントースターで4〜5分焼く。

COLUMN

あと少し！のスペースは「すき間おかず」におまかせ

お弁当を詰めて「これで出来上がり！」という最後の最後にぽっかり空間ができたり、全体がちょっとゆるい感じがしたり。そんなときは「すき間おかず」の出番です！

　きっちり詰めたつもりでも、お弁当になんともいえない微妙なすき間が空くことがあります。このすき間がくせ者で、そのままにしておくと通学時の揺れで小さなすき間が大きくなって、ごはんとおかずがかたよってしまいます。今あるおかずで調整するのが難しいときは、「すき間おかず」に頼りましょう。すき間おかずは、料理の手間がかからないことが一番のポイント。ミニトマトやうずらの卵はその丸い形ですき間をしっかり埋めてくれます。漬け物やかまぼこは切り方次第でどんな形のすき間にもフィット。お弁当の彩りもよくなり一石二鳥のおかずです。大きめのすき間には個包装のチーズがぴったり。キャンディチーズはすき間の大きさを選ばずとても便利です。

　いろいろなものがすき間おかずに使えますが、入れる前にお弁当をざっと眺めてみましょう。おかずの味わいのバランスを考えてすき間を埋めると、お弁当としての完成度がさらにアップ。いくつかのおかずをストックしておけば、もう「すき間」も怖くありません。

Ⓐ 漬け物
大根、かぶなど、きゅっと詰めることができ、彩りにもなる漬け物が重宝します。

Ⓑ 個包装チーズ
三角のものはおかずの間にしっかり入ってくれます。大きめのすき間に活躍します。

Ⓒ キャンディチーズ
包み紙の左右部分が伸縮自在にすき間をしっかり埋めてくれるので、とても便利。

Ⓓ 煮豆
五目豆、大豆昆布、甘い煮豆など、少量パックの市販品が便利です。

Ⓔ ミニトマト
へたは必ず取り除き、水けをふいて入れてください。

Ⓕ 枝豆
冷凍が便利です。自然解凍して表面の水けをふくこと。

Ⓖ うずら卵
缶詰やレトルトパックが便利です。汁けをふくこと。

Part 3

カンタン！ 時短
朝ラク弁当

ごはんにおかずをのせる「のっけ弁当」、
ごはんがなくてもできる「めん弁当」、
作りおきを「詰めるだけ弁当」、
そして汁物をお弁当のメインにできる「スープジャー弁当」を紹介。

メインおかず 720 kcal
ビビンバ丼

材料(1人分)

牛薄切り肉	120g
A　おろししょうが	½片分
砂糖、酒、白すりごま	各小さじ1
しょうゆ、コチュジャン*	各大さじ½
ほうれん草	50g
もやし	50g
にんじん	¼本
塩	小さじ¼
白すりごま	大さじ½
ごま油	適量
うずら卵(生)	2個
ごはん	200g

＊辛いのが好きなら、コチュジャンを多めにしてもOK

作り方

1 ごはんはお弁当箱に詰める。

2 ほうれん草はざく切り、にんじんはスライサーで細切りにする。牛肉はAをもみ込む。

3 ナムルを作る。フライパンにごま油小さじ2を入れ、もやしと**2**の野菜を炒め、しんなりしたら塩、白すりごまを加えて混ぜて取り出す。

4 目玉焼きを作る。**3**のフライパンをキッチンペーパーでさっとふき、ごま油少々を入れてうずら卵2個を割り落として焼いて取り出す。

5 **4**のフライパンに**2**の肉を入れ、炒め焼きして火をとおす。

6 **1**のごはんに**3**のナムル、**5**の肉をのせ、**4**の目玉焼きをのせる。

プラスおかず 60 kcal
ぶどう(1房)

ビビンバ弁当

前夜から牛肉に調味料をからめておきましょう。朝が格段にラクになります。

メインおかず 768 kcal

三色そぼろ丼

材料(1人分)

鶏ひき肉　　　　　　　　　　120g
A ┌ 酒、しょうゆ、みりん　各大さじ1
　├ 砂糖　　　　　　　　　小さじ1
　└ おろししょうが　　　　　⅓片分
卵　　　　　　　　　　　　　　1個
B ┌ 砂糖　　　　　　　　　小さじ1
　├ 塩　　　　　　　　　　　少々
　└ 水　　　　　　　　　　大さじ½
グリンピース(冷凍)　　　20～30粒
油　　　　　　　　　　　　　適量
ごはん　　　　　　　　　　　200g

作り方

1. ごはんはお弁当箱に詰める。
2. 卵は割りほぐし、Bを加えて混ぜ合わせ、フライパンに油を薄くひいて火にかけて流し入れ、菜箸4~6本でかき混ぜながら炒ってそぼろにする。
3. フライパンをキッチンペーパーでふき、鶏ひき肉、Aを入れて混ぜ合わせ、菜箸4~6本ででかき混ぜながら炒ってそぼろにする。
4. 冷凍グリーンピースは水少々をふり、電子レンジで10～20秒加熱・解凍する。
5. **1**のごはんに**2**と**3**と**4**を彩りよくのせる。

サブおかず 10 kcal

きゅうりの梅あえ

材料と作り方(1人分)

きゅうり½本は四つ割りにし、塩ひとつまみでもんで水けをキッチンペーパーでふき、梅干し1個(種を除いてたたく)であえる。

サブおかず 79 kcal

ハムとチーズのくるくる

材料と作り方(1人分)

ハム1枚は広げ、スライスチーズ1枚をのせて端からくるくる巻き、落ち着いたら3等分に切って、切り口が見えるように詰める。

*巻くところまで前夜にしてラップで包んでおくと朝さらにラク

857 kcal

三色そぼろ丼弁当

そぼろ丼は口ざわりがやさしいので
歯ごたえのあるおかずを組み合わせて。

朝ラク弁当/フライパンひとつでのっけ弁当

85

なすのキーマカレー丼弁当

カレーは前日に作っておけば、朝は再加熱するだけなので、さらにラク！

メインおかず 772 kcal

なすのキーマカレー丼

材料（1人分）

合いびき肉	80g
なす（乱切り）	1本分
オリーブ油	小さじ2
しょうが（みじん切り）	⅓片分
玉ねぎ（粗みじん切り）	¼個分
にんじん（粗みじん切り）	3cm分
A［カレールウ	20g
ウスターソース	小さじ1
水	½〜¾カップ
福神漬け	適量
パセリのみじん切り（あれば）	適量
ごはん	200g

作り方

1. ごはんはお弁当箱に詰める。
2. フライパンにオリーブ油を入れ、なすを並べてこんがり色よく焼いて取り出す。
3. 2のフライパンにしょうがを加えてじっくり香りが立つまで炒め、玉ねぎ、にんじんを加えて炒め、ひき肉を入れて肉の色が変わるまで炒める。2のなすを戻し入れ、Aを加えて全体に混ぜて炒め合わせる。
4. 1のごはんにキーマカレーをのせ、パセリをちらし、福神漬けを添える。

サブおかず 78 kcal

コールスロー

材料（1人分）

キャベツ	1枚（50g）
塩	ひとつまみ
かに風味かまぼこ	1本
コーン（缶）	大さじ1
A［マヨネーズ	大さじ½
酢	小さじ½
砂糖	小さじ¼
塩、こしょう	各適量

作り方

キャベツはざく切りして塩でもみ、汁けをしぼったら、裂いたかにかま、コーン、Aを混ぜ、塩、こしょうで味をととのえる。

741 kcal

ガパオ丼弁当

ガパオは前日に作って
当日再加熱してもOK。
お弁当なので匂いが気になる
にんにくは用いずに作ります。

メインおかず 741 kcal
ガパオ丼

材料(1人分)
- 鶏ひき肉…………………120g
- 赤唐辛子(輪切り)…½本分(好みで加減)
- 玉ねぎ(粗みじん切り)………¼個分
- ピーマン(1cm角切り)………1個分
- 赤パプリカ(1cm角切り)………¼個分
- A [粉チーズ…………………小さじ1
      塩、こしょう………………各適量]
- バジルの葉(ちぎる)……………適量
- 卵………………………………1個
- ブロッコリー小房……………4~5個
- B [ナンプラー………………大さじ½
      オイスターソース……………小さじ1
      砂糖……………………小さじ½
      酒………………………小さじ1]
- 油………………………………適量
- ごはん…………………………200g

作り方

1 ごはんはお弁当箱に詰める。

2 フライパンに油を薄くひいて火にかけ、卵を割り落として目玉焼きを焼き、フライパンの空きにブロッコリーを入れてさっと炒める。水少々を加えてふたをして目玉焼きとブロッコリーに火をとおして取り出す。ブロッコリーはAであえる。

3 2のフライパンをきれいにして油を薄くひいて火にかけ、赤唐辛子、玉ねぎをしんなりするまで炒めて、ひき肉を入れて炒める。肉がポロポロになったらピーマン、パプリカ、Bを加えて汁けがなくなるまで炒め、バジルの葉を加える。

4 1のごはんに3をのせ、2のブロッコリーを詰め、目玉焼きを添える。

87

メインおかず 789 kcal

サイコロステーキ丼

材料（1人分）

合いびき肉	120g
A｛塩、こしょう	各少々
片栗粉	小さじ1
さやいんげん	3～4本
ミックスベジタブル	大さじ3
焼き肉のたれ	大さじ2～3
ごはん	200g

作り方

1. ごはんはお弁当箱に詰める。
2. ひき肉はトレイに入れたままAを加えて混ぜ、トレイを型にして平らに形を整える。いんげんはヘタを切り落として長さ3～4cmに切る。
3. 2の肉をトレイからひっくり返してフライパンに入れて火にかけ、焼き色がつくまで焼く。
4. フライ返しでサイコロ状に切って裏返し、転がして全面焼き、フライパンの空きにいんげんを入れて一緒に焼く。
5. ミックスベジタブルは、フライパンの空きに入れてさっと炒め、焼き肉のたれを加えてそれぞれにからめる。
6. 1のごはんに5のサイコロステーキをのせ、いんげん、ミックスベジタブルを添える。

サブおかず 115 kcal

チーズちくわ

材料と作り方（1人分）
ちくわ1本の穴にプロセスチーズ適量をスティック状に切って詰め、4つに切ってサイコロステーキを焼く前のフライパンでさっと焼く。

サイコロステーキ丼弁当
903 kcal

ひき肉は買ったときのトレイの中で調味して、ポンとフライパンに返して焼くだけ。

カリカリ豚丼弁当

661 kcal

片栗粉をつけてカリッと焼いて調味して
ごはんにのせるとこま切れ肉も豪華に。

メインおかず 661 kcal

カリカリ豚丼

材料（1人分）

豚こま切れ肉	120g
ピーマン	赤½個、緑1個
エリンギ	1本
塩、こしょう、片栗粉	各適量
A　おろししょうが	½片分
しょうゆ	大さじ½
酒、みりん	各小さじ2
ごま油	適量
ごはん	200g

作り方

1. ごはんはお弁当箱に詰める。
2. ピーマンは輪切りにして種とわたをとり除き、エリンギは石づきを切り落として縦に4つに切る。豚肉は広げて塩、こしょうをふり、片栗粉をまぶす。Aは合わせる。
3. フライパンにごま油を薄くひいて火にかけ、ピーマンとエリンギを炒め、塩、こしょうをして取り出す。
4. **3**のフライパンにごま油を足し、豚肉を広げて入れて両面をカリッと焼き、Aを加えて炒め合わせる。
5. **1**のごはんに**4**をのせ、**3**の野菜を添える。

朝ラク弁当／フライパンひとつでのっけ弁当

のっけ弁

メインおかず 462 kcal

冷やし中華

材料（1人分）

中華めん（冷やし中華用たれ付き）	1玉
鶏ささみ	1本
A ┌ 塩、こしょう	各少々
└ 酒	小さじ1
枝豆（冷凍）	20粒
コーン	大さじ2
ミニトマト	2〜3個
ゆで卵（かたゆで）	輪切り3枚

作り方

1 添付のたれは冷凍庫に入れて凍らせておく。

2 ささみは耐熱皿にのせ、Aをもみ込んでふんわりとラップをして、電子レンジで1分30秒〜2分加熱する。粗熱がとれたら手で裂く。

3 めんはゆでて水でしめ、水けをきってお弁当箱に詰める。

4 枝豆は解凍してさやから取り出す。

5 3に、2のささみ、ゆで卵、枝豆、コーン、ヘタをとり除いたミニトマトをのせる。

6 お弁当箱に1の凍らせたたれを添えて保冷バッグに入れる。

462 kcal 冷やし中華弁当

めんに添付されている「たれ」を冷凍して、お弁当に添えると保冷剤代わりに。

665 kcal

塩焼きそば弁当

お弁当にはキャベツよりも小松菜が
食感も彩りもアクセントになるのでオススメ。
決め手は仕上げの粗びきこしょう。

メインおかず 665 kcal

塩焼きそば

材料（1人分）

中華蒸しめん	1玉
豚バラ薄切り肉	60g
長ねぎ	10～15㎝
小松菜	50g
にんじん	20g
卵	1個
鶏がらスープの素	小さじ1
水	大さじ2
塩、粗びき黒こしょう	各適量
油	適量

作り方

1. 長ねぎは斜め薄切りにし、小松菜はざく切りにし、にんじんは短冊切りにする。豚肉は幅3㎝に切り、塩、こしょう各少々をふる。
2. フライパンに油を薄くひいて火にかけ、卵を割り落として目玉焼きを焼いて取り出す。
3. そのフライパンに**1**を入れて炒め、豚肉に火がとおったら中華蒸しめん、鶏がらスープの素と水を加えてめんをほぐし、ふたをして水けがなくなるまで蒸し焼きにし、塩、こしょうで味をととのえる。
4. お弁当箱に**3**を詰め、好みでこしょうをふり、**2**の目玉焼きをのせる。

ペンネカルボナーラ弁当

774 kcal

ペンネはのびにくいので、前日にゆでておくと朝は炒めるだけでごちそう弁当になります。

メインおかず 712 kcal

ペンネカルボナーラ

材料(1人分)

ペンネ(早ゆでタイプ)	80g
バター	8g
玉ねぎ(薄切り)	1/4個分
ベーコン(幅1cmに切る)	1枚分
生クリーム	1/4カップ
粉チーズ	大さじ1/2
卵黄	1個分
塩、粗びき黒こしょう	各適量

作り方

1. ペンネは袋の表示どおりの塩を加えた湯でゆでる。
2. フライパンにバターと玉ねぎを入れて炒めてしんなりしたら、ベーコンを加えてさらに炒める。生クリームを加え、1のペンネを加え、粉チーズ、卵黄を加えて火をとおし、塩、こしょうで味をととのえる。

サブおかず 62 kcal

スナップえんどうと しいたけのソテー

材料(1人分)

スナップえんどう	4〜5個
しいたけ	1個
塩、こしょう	各適量
オリーブ油	小さじ1

作り方

1. スナップえんどうはすじをとり除き、しいたけは軸を切り落として薄切りにする。
2. フライパンにオリーブ油を熱し、スナップえんどうを炒め、しいたけを加えて炒め、塩、こしょうで味をととのえる。

636 kcal ぶっかけ 豚しゃぶうどん弁当

豚しゃぶ肉とたっぷりの薬味がさわやかな
夏にうれしいお弁当。天かすの香ばしさが隠し味です。

メインおかず 521 kcal

ぶっかけ豚しゃぶうどん

材料（1人分）

ゆでうどん（または冷凍うどん）	1玉*
めんつゆ（ストレート）	50ml
豚肉しゃぶしゃぶ用	120g
オクラ	2本
A 天かす	大さじ1（5g）
梅干し（種はとり除く）	1個
おろししょうが	小さじ1
青じそ（せん切り）	2枚分

＊大盛りにするなら、うどんを1玉半に。その場合はめんつゆを少し多めにする

作り方

1 めんつゆは別容器に入れよく冷やしておく。うどんは湯を通すか、水をふって袋の表示どおりに電子レンジで加熱してお弁当箱に入れる。

2 豚肉はゆでて水でしめ、水けをきる。オクラは塩（分量外）で表面をこすって、熱湯でゆでて輪切りにする。

3 1のうどんに2の豚肉、オクラをのせ、Aをのせる。食べるときに1のめんつゆをかける。

＊天かすは、好みで別容器で持参してもよい

プラスおかず 115 kcal

個包装の プロセスチーズ（2個）

朝ラク弁当／ごはんがなくても大丈夫！のめん弁当

604 kcal

ピリ辛焼きうどん弁当

めんつゆとコチュジャンだけの調味ですが、
さっと炒めたトマトがうま味になります。

メインおかず 513 kcal

ピリ辛焼きうどん

材料（1人分）

ゆでうどん（または冷凍うどん）	1玉
豚バラ薄切り肉	50g
もやし	50g
キャベツ	1枚
ブロッコリー小房	3〜4個
ミニトマト	4〜5個
A　めんつゆ（3倍濃縮）	大さじ1
コチュジャン	小さじ1
塩、こしょう	各適量
油	適量

作り方

1 うどんは湯を通すか、水をふって袋の表示どおりに電子レンジで加熱する。キャベツはざく切りに、ミニトマトは洗ってヘタをとり除く。豚肉は幅2〜3cmに切る。Aは合わせる。

2 フライパンに油を薄くひいて火にかけ、豚肉を炒めて色が変わったらもやし、キャベツ、ブロッコリーを加えて炒める。

3 野菜に油が回ったらミニトマトを加えてさっと炒め、うどんを入れてAを加えて炒め合わせ、塩、こしょうで味をととのえる。

プラスおかず 91 kcal

ゆで卵

ゆで卵1個は2つに切る。

94

699 kcal ナポリタン弁当

何を作るか迷ったらナポリタン！
ピーマンは脇役ですが欠かせません。

メインおかず 689 kcal

スパゲッティ・ナポリタン

材料(1人分)

スパゲッティ(早ゆでタイプ)	100g
ウインナーソーセージ	2本
玉ねぎ	1/4個
マッシュルーム(または、しいたけ)	2個
ピーマン	1個
A［トマトケチャップ	大さじ3
中濃ソース	大さじ1
スパゲッティのゆで汁	大さじ1
バター	5g
粉チーズ	適量
油	適量

作り方

1 玉ねぎ、マッシュルームは薄切りに、ピーマンは横に細切りにする。ウインナーは斜め薄切りにする。

2 スパゲッティは袋の表示どおりにゆでる(このときオリーブ油少々を加えてゆでると、スパゲッティがくっつきにくくなる)。Aは合わせる。

3 フライパンに油を熱し、玉ねぎを入れて炒め、しんなりしたらウインナー、ピーマン、マッシュルームを加えて炒め、Aを加えて水分をとばすように炒める。

4 バターを加えて全体になじんだら、2のスパゲッティを加えて炒め合わせる。

5 お弁当箱に4を詰め、ふたをする前に粉チーズをふる。

プラスおかず 10 kcal

ゆでブロッコリー

小房3個

豚のみそマヨ炒め弁当

613 kcal

豚肉をマヨネーズで炒めると、うま味が加わるし、冷めてもやわらかで、おいしさそのまま。

ごはん（1人分 160g） 269 kcal

ごはんは詰めて冷ましておき、ふたを閉める前に好みのふりかけをかける。

メインおかず 1/3量 243 kcal

豚のみそマヨ炒め

材料（お弁当のおかず3食分）
- 豚こま切れ肉……………300g
- 長ねぎ……………………1本
- マヨネーズ………………大さじ2
- A［みそ、しょうゆ、酒…各大さじ1
- 塩、こしょう……………各適量

作り方
1. 長ねぎは斜め薄切りにする。
2. フライパンにマヨネーズを入れ火にかけ、豚肉と1の長ねぎを入れて炒める。
3. 肉の色が変わったらAを加えて炒め合わせ、塩、こしょうで味をととのえる。

 保存の目安 冷蔵で**3日** 冷凍保存も可　 1食分レンジ再加熱 **1〜2分**

サブおかず 1/8量 70 kcal

おからきんぴら

材料（お弁当のおかず8食分）
- おから……………………120g
- ごぼう（細切り）…………1本分
- にんじん（細切り）………1/2本分
- ごま油……………………大さじ1
- A［しょうゆ、酒、みりん……各大さじ2
　　砂糖……………………大さじ1
　　赤唐辛子（輪切り）………1本分

作り方
1. おからは耐熱ボウルに入れ、ラップなしで電子レンジで2〜3分加熱する。
2. フライパンにごま油を入れて火にかけ、ごぼうとにんじんを入れてしんなりするまで炒め、Aを加えてかるく煮つめ、1を加えて炒め合わせる。

保存の目安 冷蔵で**3〜4日** 冷凍保存も可　 1食分レンジ再加熱 **1分**

サブおかず 1/4量 31 kcal

ほうれん草のごまジャンあえ

材料（お弁当のおかず4食分）
- ほうれん草………………200g（1束）
- A［豆板醤……………小さじ1/2
　　めんつゆ（3倍濃縮）……大さじ1/2
　　砂糖…………………小さじ1/2
　　白すりごま……………大さじ1

作り方
1. ほうれん草はゆでて水にさらし、水けをしぼり、長さ2〜3cmに切る。
2. Aを混ぜ合わせ、1をあえる。

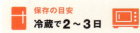 保存の目安 冷蔵で**2〜3日**　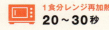 1食分レンジ再加熱 **20〜30秒**

599 kcal

牛肉とカリフラワーの
カレー炒め弁当

切り落とし肉は、片栗粉と調味料で下味をして味わいアップ。
食感が肝心なカリフラワーはかためにゆでること。

ごはん（1人分160g）269 kcal
ごはんは詰めて冷ましておき、ふたを閉める前に好みの佃煮と梅干しを添える。

メインおかず 1/4量 255 kcal

牛肉とカリフラワーのカレー炒め

材料（お弁当のおかず4食分）
牛切り落とし肉	300g
A 塩、こしょう	各少々
酒、片栗粉	各大さじ1
カリフラワー	1/2株
にんにく（みじん切り）	1片分
B 酒、しょうゆ、みりん	各大さじ1
カレー粉	小さじ2
砂糖	大さじ1/2
塩、こしょう	各適量
油	適量

作り方
1 牛肉にAをもみ込む。Bは合わせる。
2 カリフラワーは小房に分け、塩ゆでする。
3 フライパンに油を薄くひいて火にかけ、にんにくを香りが立つまで炒め、1の肉を加えて色が変わるまで炒める。2を入れ、Bを加えて炒め合わせ、塩、こしょうで味をととのえる。

保存の目安 冷蔵で3日 冷凍保存も可
1食分レンジ再加熱 1分30秒～2分

サブおかず 1/8量 52 kcal

れんこんとひじきのごまだれサラダ

材料（お弁当のおかず8食分）
れんこん	200g
芽ひじき	5g
グリーンピース	大さじ4
A 白すりごま	大さじ3
めんつゆ（3倍濃縮）	大さじ3
マヨネーズ	大さじ1
塩、こしょう	各適量

作り方
1 れんこんは皮をむき、薄切りにして酢水にさらし、ひじきは水でもどす。ともにゆでて湯をきる。
2 1をボウルに入れてグリーンピースとAを加えてあえ、塩、こしょうで味をととのえる。

保存の目安 冷蔵で3日 冷凍保存も可
1食分レンジ再加熱 40～50秒

サブおかず 1/3量 23 kcal

小松菜とコーンのさっと煮

材料（お弁当のおかず3食分）
小松菜	150g（1束）
コーン	大さじ3
A めんつゆ（3倍濃縮）	大さじ1と1/2
水	1/2カップ

作り方
1 小松菜は長さ3cmに切る。
2 1とコーンを小鍋に入れ、Aを加えて2～3分煮る。

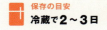 
保存の目安 冷蔵で2～3日
1食分レンジ再加熱 40～50秒

746 kcal コーン肉団子弁当

手間がかかる肉団子も作りおきすれば簡単。
コーンを加えると甘さと食感が加わってさらにおいしい。

ごはん (1人分160g) 269 kcal
ごはんは詰めて冷ましておき、ふたを閉める前に好みの佃煮を添え、ふりかけをかける。

メインおかず 1/5量 258 kcal

コーン肉団子

材料（お弁当のおかず5食分）
- 合いびき肉 300g
- コーン 150g
- A
  - 玉ねぎ（みじん切り） 1/2個分
  - ほぐし卵 1個分
  - 塩 小さじ1/2
  - こしょう 少々
  - パン粉 大さじ4
- 片栗粉 適量
- 揚げ油 適量

作り方
1. コーンは汁けをきり、キッチンペーパーでふく。
2. ひき肉に**1**のコーン、Aを加え、混ぜてよくこね、ひと口大に丸める。
3. **2**に片栗粉をかるくまぶし、揚げ油(180℃)で揚げる。

保存の目安：冷蔵で3日 冷凍保存も可
1食分レンジ再加熱：1分～1分20秒

サブおかず 1/8量 94 kcal

さつまいもの甘辛バター炒め

材料（お弁当のおかず8食分）
- さつまいも 大1本（約350～400g）
- バター 20g
- A
  - しょうゆ、砂糖、みりん 各大さじ1
- 黒いりごま 適量

作り方
1. さつまいもはスティック状に切り、水にさらす。Aは合わせる。
2. **1**の水けをきり、フライパンにバターを熱して2～3分炒め、Aを加えて炒め、黒いりごまをふる。

保存の目安：冷蔵で3～4日 冷凍保存も可
1食分レンジ再加熱：1分～1分20秒

サブおかず 1/4量 125 kcal

れんこんとにんじんのピクルス

材料（お弁当のおかず4食分）
- れんこん 200g
- にんじん 1本
- A
  - 酢、水 各1カップ
  - 白ワイン 1/2カップ
  - ローリエ 1枚
  - 赤唐辛子 1本
  - 粒こしょう 10粒
  - 砂糖 大さじ4
  - 塩 大さじ1/2

作り方
1. 小鍋にAを入れて火にかけてひと煮立ちさせて火を止める。
2. にんじんはスティック状に切る。
3. れんこんは皮をむいて厚さ7～8mmの半月切りにし、かためにゆでて湯をきる。
4. 容器に**2**と**3**を入れて**1**を注ぎ、冷蔵庫でひと晩以上浸ける。

保存の目安：冷蔵で1週間～10日
＊煮沸した容器で保存する

豚肉とれんこんの チャップソテー弁当

562 kcal

片栗粉をまぶしてチャップソテーにすると
れんこんも親しみのある味わいに。

ごはん（1人分160g） 269 kcal

ごはんは詰めて冷ましておき、ふたを閉める前に焼きのりで飾る。

メインおかず 1/3量 238 kcal

豚肉とれんこんのチャップソテー

材料（お弁当のおかず3食分）

豚こま切れ肉	250g
れんこん	2節(150g)
塩	少々
片栗粉	適量
A［トマトケチャップ	大さじ3
酒	大さじ1
しょうゆ	大さじ1/2
砂糖	小さじ1］
油	適量

作り方

1. れんこんは皮をむき、厚さ7〜8mmに切り、水に4〜5分さらして水けをふき、片栗粉をまぶす。豚肉は塩をふり、片栗粉をまぶす。Aは合わせる。
2. フライパンに油を熱し、れんこんを並べて両面焼き色がつくまでしっかり焼き、いったん取り出す。
3. 2のフライパンで1の豚肉を炒めて火をとおし、2のれんこんを戻し入れ、Aを加えて炒め合わせる。

 保存の目安　冷蔵で3〜4日　冷凍保存も可　　1食分レンジ再加熱 1分〜1分30秒

サブおかず 1/8量 38 kcal

かぼちゃのマッシュ

材料（お弁当のおかず8食分）

かぼちゃ（種をとり除き、皮をむく）	約250g
バター	15g
牛乳	大さじ1
A［塩	小さじ1/2
砂糖	小さじ1
こしょう	少々］
レーズン	大さじ2

作り方

1. かぼちゃはひと口大に切り、耐熱容器に入れてふんわりとラップをし、電子レンジで3〜4分加熱する。
2. 1のかぼちゃをつぶして、バター、牛乳を加え、ふんわりとラップをし、さらに1分加熱する。レーズン、Aを加えて混ぜる。

 保存の目安　冷蔵で3日　冷凍保存も可　　1食分レンジ再加熱 40〜50秒

サブおかず 1/4量 17 kcal

にんじんたらこあえ

材料（お弁当のおかず4食分）

にんじん	大1本
たらこ	30g
塩、こしょう	各適量

作り方

1. にんじんは厚さ5mmの半月切りにし、塩ゆでして湯をきる。
2. たらこはほぐし、耐熱容器に入れてふんわりとラップをして電子レンジで40秒〜1分加熱する。
3. 1と2を合わせ、塩、こしょうで味をととのえる。

 保存の目安　冷蔵で3日　　 1食分レンジ再加熱 1分

534 kcal たらのチーズ焼き弁当

さっぱり味のたらはバターで焼いたあと、
さらにチーズ焼きにして、ボリュームとうま味をプラス。

ごはん（1人分160g）269 kcal
ごはんは詰めて冷ましておき、ふたを閉める前に梅干しとふりかけで飾る。

メインおかず 1/4量 157 kcal

たらのチーズ焼き

材料（お弁当のおかず4食分）

甘塩たら	4切れ
こしょう	少々
小麦粉	適量
バター	20g
スライスチーズ	3〜4枚

作り方

1 たらは1切れを2〜3等分し、こしょう、小麦粉をまぶす。

2 フライパンにバターを溶かし、**1**のたらを入れて焼き、きれいな焼き色がついたら裏返して焼いて火をとおし、スライスチーズをちぎってのせて余熱でとかす。

保存の目安
 冷蔵で**2〜3日** 冷凍保存も可
 1食分レンジ再加熱 **1分〜1分20秒**

サブおかず 1/8量 80 kcal

ひよこ豆のサラダ

材料（お弁当のおかず8食分）

ひよこ豆	1缶(250g)
さやいんげん	15本
玉ねぎ（粗みじん切り）	1/4個分
A｛プレーンヨーグルト、マヨネーズ	各大さじ2
レモン汁	大さじ1/2
塩、こしょう	各適量

作り方

1 さやいんげんは塩ゆでして長さ3〜4cmに切り、玉ねぎは水にさらしてしぼる。

2 ひよこ豆はさっとゆでて湯をきり、**1**と合わせてAを加えて混ぜ、塩、こしょうで味をととのえる。

保存の目安
冷蔵で**2〜3日**

サブおかず 1/8量 28 kcal

きのこの甘辛煮

材料（お弁当のおかず8食分）

きのこ類	合わせて約400g
しめじ	2パック
しいたけ	3〜4個
エリンギ	2〜3本
A｛酒、みりん、しょうゆ	各大さじ2
砂糖	大さじ1/2

作り方

1 きのこはそれぞれ石づきを切り落とし、しめじは小房に分け、しいたけとエリンギは薄切りにする。

2 耐熱容器に**1**を入れてAを加え、ふんわりとラップをして電子レンジで3分加熱し、全体を返すように混ぜてさらに1分加熱する。

保存の目安
 冷蔵で**4〜5日** 冷凍保存も可
 1食分レンジ再加熱 **40〜50秒**

れんこん入り チキンナゲット弁当

670 kcal

むね肉をたたいてこねて、みんなの好きなナゲットに。
手間ですが、作りおくと重宝すること間違いなし。

ごはん（1人分160g） 269 kcal

ごはんは詰めて冷ましておき、ふたを閉める前に梅干しとゆかり、白ごまで飾る。

メインおかず 1/4量 288 kcal

れんこん入りチキンナゲット

材料（お弁当のおかず4食分）
- れんこん……………………150g
- 鶏むね肉……………2枚(450g)
- A
  - ほぐし卵………………1個分
  - 塩…………………大さじ1/2
  - こしょう、ナツメグ（あれば）
    ………………………各少々
  - おろしにんにく…………1片分
  - 片栗粉………………大さじ1
- 揚げ油………………………適量

作り方
1. れんこんの半分はすりおろし、残りは粗みじん切りにする。鶏肉は包丁でたたいて細かくする。
2. 1をボウルに入れ、Aを加えてよく混ぜ合わせる。
3. 2をスプーン2本で形を整え、揚げ油（180℃）で揚げる。

 保存の目安 冷蔵で3日 冷凍保存も可
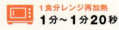 1食分レンジ再加熱 1分〜1分20秒

サブおかず 1/4量 58 kcal

オクラとミニトマトのごま酢あえ

材料（お弁当のおかず4食分）
- オクラ……………1パック(10本)
- ミニトマト………1パック(10〜15個)
- A
  - 酢、しょうゆ、砂糖
    ………………………各小さじ2
  - 白すりごま……………大さじ2

作り方
1. オクラは塩（分量外）をまぶして表面をこすり、ゆでて湯をきり、斜め半分に切る。ミニトマトはへたをとり除いて十字に切り目を入れる。
2. 1をAであえる。

 保存の目安 冷蔵で2〜3日

サブおかず 1/4量 55 kcal

なすのコチュマヨ

材料（お弁当のおかず4食分）
- なす……………………………4本
- マヨネーズ……………………大さじ2
- A
  - しょうゆ……………大さじ1/2
  - コチュジャン、酒、みりん
    ………………………各大さじ1

作り方
1. なすは縦半分に切り、皮に格子状に切り目を入れて食べやすい幅に切る。
2. フライパンにマヨネーズを入れて火にかけ、1を入れて炒めてしんなりしてきたら、Aと水大さじ4を加えてからめ、かるく煮詰める。

 保存の目安 冷蔵で3日 冷凍保存も可 1食分レンジ再加熱 40〜50秒

朝ラク 肉の作りおきおかず

メインおかずになる肉料理があると、迷いなくお弁当作りができます。意外と重宝するのが、ひき肉のそぼろ。

(1/6量) 276 kcal

保存の目安* 冷蔵で2～3日
再加熱 低めの温度のオーブントースターで3～4分

鶏の香味揚げ

材料（お弁当のおかず6食分）
鶏もも肉……………………… 2枚（500～600g）
A［おろししょうが・おろしにんにく各1片分、しょうゆ・酒各大さじ1と1/2、ごま油大さじ1/2］
B［青じそ（みじん切り）2～3枚分、小麦粉大さじ4、片栗粉大さじ3］
揚げ油 …………………………………… 適量

作り方
1 鶏肉は脂をとり除き、ひと口大に切ってAをからめる。
2 1にBを合わせた衣をまぶし、揚げ油（180℃）で揚げる。

＊2～3日内に使わない場合は冷凍し、使う前夜に冷蔵庫に移して、当日オーブントースターで再加熱するとよい。

(1/5量) 276 kcal

保存の目安* 冷蔵で2～3日
再加熱 低めの温度のオーブントースターで3～4分

ミニチキンカツ

材料（お弁当のおかず5食分）
鶏むね肉 ……………………………… 2枚（500g）
A［塩小さじ1/2、こしょう少々、酒大さじ2］
小麦粉、水 ………………………… 各大さじ4
パン粉、揚げ油 ………………………… 各適量

作り方
1 鶏肉は1枚を4～5等分にそぎ切りにする。
2 ボウルに1を入れてAをもみ込み、水溶き小麦粉をつけ、パン粉をまぶす。
3 揚げ油（180℃）で揚げる。

 活用ヒント！
● p.101の「コーン肉団子」とチェンジ

(1/6量) 240 kcal

保存の目安 冷蔵で3～4日
1食分レンジ再加熱 1分～1分30秒

やわらか蒸し鶏

材料（お弁当のおかず6食分）
鶏もも肉（鶏むね肉でもOK）……………… 2枚
A［砂糖大さじ1、塩小さじ1］
酒 …………………………………………… 大さじ3
長ねぎの青い部分 ……………………… 2本分
しょうが（薄切り）…………………………… 3～4枚

作り方
1 鶏肉は脂をとり除き、30分ほど室温において常温にもどし、Aをすり込む。
2 鍋に1を入れ、酒、長ねぎ、しょうがを加え、ひたひたの水を加えてふたをして火にかけ、ふつふつしてきたら弱火にして7～8分煮て、火を止めてそのまま余熱で火をとおす。

 活用ヒント！
● p.90「冷やし中華」にプラス
● 厚さ1cmに切ってピカタに
● 薄く切ってパンにはさむ
● 細切りにしてごまあえ、チリソースあえ、バンバンジーに

作りおきしたおかずは、80℃以上（湯気が出るくらい）まで再加熱して、一気に冷まし、冷めてからお弁当箱のふたをすること。中途半端に温め直したり、冷めきらないうちにふたをしたりすると、かえって傷みやすくなるので注意。本書では基本として電子レンジ600Wでの再加熱時間の目安を記載しています。

1/3量 306 kcal

保存の目安　冷蔵で3〜4日　　1食分レンジ再加熱　1分〜1分30秒

鶏チャーシュー

材料（お弁当のおかず3食分）
鶏もも肉……………………………………1枚
塩、こしょう……………………………各少々
A［おろししょうが・おろしにんにく各½片分、しょうゆ大さじ1と½、酒・みりん・はちみつ各大さじ1］

作り方

1 鶏肉は30分ほど室温において常温にもどす。脂をとり除き、皮を外側にして端から巻いて、タコ糸で縛り、フォークで皮目に数か所穴をあける。

2 塩、こしょうをまぶし、耐熱容器に入れてAを加えてからめ、厚手のキッチンペーパーを落としぶたとしてのせてふんわりとラップをし、電子レンジで3〜4分加熱する。

3 ひっくり返して、同様にしてさらに2〜3分加熱して、竹串を刺してみて、赤い汁が出る場合はさらに1分加熱する。保存袋か保存容器に汁ごと入れて冷ます。

1/5量 198 kcal

保存の目安　冷蔵で3〜4日　　1食分レンジ再加熱　1分〜1分30秒

牛肉とごぼうのすき煮

材料（お弁当のおかず5食分）
牛薄切り肉…………………………………250g
ごぼう（ささがき）…………………………1本分
長ねぎ（斜め薄切り）………………………1本分
まいたけ（小房に分ける）…………………100g
しょうが（細切り）…………………………1片分
A［酒・しょうゆ・みりん・砂糖・水各大さじ2］
油……………………………………………適量

作り方

1 牛肉は食べやすい大きさに切る。

2 フライパンに油を薄くひいて火にかけ、牛肉としょうがを入れて炒め、油が回ったらごぼう、長ねぎ、まいたけを加えてざっと炒め、Aを加えて汁けがなくなるまで炒め煮する。

活用ヒント！
● p.29の「牛丼」とチェンジ

1/5量 243 kcal

保存の目安　冷蔵で3〜4日　　1食分レンジ再加熱　1〜2分

豚肉と野菜の甘酢あん

材料（お弁当のおかず5食分）
豚こま切れ肉………………………………300g
A［酒小さじ1、塩小さじ½、こしょう少々、片栗粉大さじ2］
れんこん……………………………………200g
さやいんげん………………………………12本
B［酢小さじ2、トマトケチャップ大さじ4、砂糖・鶏ガラスープの素各大さじ½、酒大さじ1、水½カップ、片栗粉大さじ½］
揚げ油………………………………………適量

作り方

1 豚肉はAをまぶし、手でぎゅっとにぎって小さく丸め、油で揚げる。

2 れんこんは皮をむいて厚さ5mmの半月切りにし、いんげんはへたをとり除き長さ3〜4cmに切り、ともに素揚げする。

3 フライパンに1と2を入れてBを加え、火にかけてとろみがつくまで混ぜながら炒める。

朝ラク弁当／肉の作りおきおかず

109

1/5量 256 kcal

肉巻きエリンギ

材料（お弁当のおかず5食分）
豚バラ薄切り肉……………………250g
エリンギ………………………………6～8本
塩、こしょう、片栗粉………………各適量
A［トマトケチャップ大さじ4、みりん大さじ1］
油……………………………………適量

作り方
1 エリンギは石づきを切り落とし、縦に4つに切る（細いものは半分に切る）。
2 豚肉は長さを4等分に切り、塩、こしょうをふり、1を1本ずつ巻いて、片栗粉をまぶす。
3 フライパンに油を薄くひいて火にかけ、2を入れて転がしながら全面焼き色がつくまで焼き、Aを加えて煮からめる。

活用ヒント！
● p.47の「にんじんの肉巻き」とチェンジ

1/3量 279 kcal

豚肉のマーマレード照り焼き

材料（お弁当のおかず3食分）
豚肩ロース肉とんカツ用……3～4枚（300g）
塩、こしょう…………………………各適量
小麦粉………………………………大さじ1
A［マーマレードジャム・酒各大さじ2、しょうゆ大さじ1］
油……………………………………適量

作り方
1 豚肉は包丁の背でたたき、幅3cmに切り、塩、こしょう、小麦粉をまぶす。
2 フライパンに油を薄くひいて火にかけ、1を入れて焼き色がつくまで焼き、裏返して両面色よく焼いてAを加え、煮からめながら火をとおす。

活用ヒント！
● p.45の「ポークソテー」とチェンジ
● 鶏肉で同様に作ってもよい

1/4量 151 kcal

ひき肉と春雨のピリ辛煮

材料（お弁当のおかず4食分）
豚ひき肉……………………………120g
A［ごま油小さじ1、しょうが（みじん切り）1/2片分、長ねぎ（みじん切り）10cm分、豆板醤小さじ1］
春雨…………………………………50g
B［鶏がらスープの素小さじ1/2、しょうゆ・砂糖・酒各大さじ1］
塩、こしょう…………………………各適量
万能ねぎ（小口切り）………………7～8本分
白いりごま……………………………適量

作り方
1 春雨は袋の表示どおりにもどす。フライパンにAを入れて火にかけ、香りが立ったらひき肉を加えて炒める。
2 春雨を加えて混ぜ、Bを加えて汁けが少なくなるまで炒め、塩、こしょうで味をととのえ、万能ねぎを加えて混ぜ、いりごまをふる。

活用ヒント！
● p.86の「なすのキーマカレー」とチェンジ
● 春雨をしらたきに変えるとカロリーダウンするので、ダイエット弁当に

朝ラク弁当／肉の作りおきおかず

1/5量 218 kcal

保存の目安 冷蔵で3〜4日 冷凍保存も可
1食分レンジ再加熱 1〜2分

タコライス風洋風肉そぼろ

材料（お弁当のおかず5食分）
合いびき肉 … 300g
玉ねぎ（みじん切り） … 1個分
A［カレー粉大さじ1、トマトケチャップ大さじ4、ウスターソース大さじ2、しょうゆ小さじ2、ローリエ1枚、水大さじ2］
塩、こしょう … 各適量
オリーブ油 … 大さじ1

作り方
1. フライパンにオリーブ油を入れて火にかけ、玉ねぎをしんなりするまで炒め、ひき肉を加えて強火にして炒める。
2. Aを加えて煮つめ、塩、こしょうで味をととのえる。

活用ヒント！
● パスタをあえてスパゲッティミートソースに
● 揚げたなすを加えて、なすミートに

1/5量 166 kcal

保存の目安 冷蔵で3〜4日 冷凍保存も可
1食分レンジ再加熱 1〜2分

牛肉とえのきのみそそぼろ

材料（お弁当のおかず5食分）
牛ひき肉 … 200g
えのきだけ … 200g
A［おろししょうが1片分、砂糖・酒・みりん各小さじ2、みそ大さじ2］
油 … 適量

作り方
1. えのきだけは軸がくっついている部分を切り落とし、食べやすい長さに切る。
2. フライパンに油を薄くひいて火にかけ、ひき肉を加えてポロポロに炒め、1を加えて炒め合わせて油が回ったら、Aを加えて混ぜて煮つめる。

活用ヒント！
● p.86の「なすのキーマカレー」とチェンジ
● うどんと炒めて焼きうどんに

1/5量 203 kcal

保存の目安 冷蔵で3〜4日 冷凍保存も可
1食分レンジ再加熱 1〜2分

チリビーンズ

材料（お弁当のおかず5食分）
合いびき肉 … 200g
玉ねぎ（みじん切り） … 1個分
ピーマン（小さな角切り） … 2個分
ミックスビーンズ … 120g
トマト缶 … 1缶（400g）
A［ケチャップ大さじ2、ウスターソース大さじ1、しょうゆ小さじ1、赤ワイン（または酒）大さじ2、チリパウダー大さじ1/2］
塩 … 小さじ1/2
こしょう … 適量
油 … 適量
＊あればナツメグ、クミン、コリアンダーなどを各少々加えると深みが出る

作り方
1. フライパンに油を薄くひいて火にかけ、玉ねぎをしんなりするまで炒め、ピーマン、ひき肉を加えて炒める。
2. ミックスビーンズ、トマト缶、Aを加えて7〜8分煮込み、汁けがなくなったら塩、こしょうで味をととのえる。

活用ヒント！
● マカロニとあえてアルミカップに入れ、オーブントースター焼きに
● バゲットやポケットパンにはさんで

111

朝ラク 魚介の作りおきおかず

魚おかずは1切れの形がしっかりしているので、メインおかずが足りなくて少し空いたスペースに入れやすく、便利です。

¼量 199 kcal

 保存の目安 冷蔵で3〜4日 冷凍保存も可
 1食分レンジ再加熱 1分〜1分30秒

さけの梅照り焼き

材料（お弁当のおかず4食分）
- 生さけ……………………………4切れ
- 塩…………………………ひとつまみ
- 小麦粉………………………………適量
- 梅干し（種をとり除いてたたく）……大さじ1
- A［みりん・酒各大さじ2、砂糖大さじ½、しょうゆ大さじ1］
- 油……………………………………適量

作り方
1 生さけは1切れを3〜4等分に切り、骨があればとり除き、塩をふって、7〜8分おく。汁けをふいて小麦粉をかるくまぶす。
2 フライパンに油を薄くひいて火にかけ、1を入れて焼き、きれいな焼き色がついたら裏返して両面焼き、梅干しとAを加えて煮からめる。

活用ヒント！
● p.37の「さけのピカタ」とチェンジ

¼量 283 kcal

 保存の目安 冷蔵で3〜4日
 再加熱 なし

サーモンと野菜のマリネ

材料（お弁当のおかず4食分）
- 生さけ……………………………4切れ
- 塩、こしょう、片栗粉…………各適量
- 白ワイン、水……………各大さじ5
- A［酢大さじ4、レモン汁大さじ2、砂糖大さじ1と½、塩小さじ1、オリーブ油大さじ1］
- B［玉ねぎ（細切り）¼個分、セロリ（細切り）10cm分、にんじん（細切り）¼本分］
- ミニトマト（十文字に切り目を入れる）8粒
- 揚げ油………………………………適量

作り方
1 マリネ液を作る。鍋に白ワインと水を入れ、ひと煮立ちさせてアルコールをとばし、Aを加えて全体が溶けたら火を止める。
2 さけはひと口大に切り、塩、こしょうをふり、片栗粉をまぶして揚げ油（180℃）で揚げる。
3 保存容器に2とBとミニトマトを入れ、1を加えて1時間以上マリネする。お弁当に詰めるときに汁けをきる。

¼量 354 kcal

 保存の目安 冷蔵で3〜4日
1食分レンジ再加熱 1分30秒〜2分

さばのみそ煮

材料（お弁当のおかず4食分）
- さば……………………………半身2切れ
- A［みそ・砂糖・みりん・酒各大さじ4、しょうゆ小さじ1、しょうがが1片、水¾カップ］
- 厚揚げ（ひとロ大の角切り）……1枚分（200g）
- しし唐辛子……………………8〜10本

作り方
1 さばは半身（中骨がついていたらとり除く）を2〜3等分に切り、皮に十字の切り目を入れ、ざるにのせて熱湯をかける。
2 フライパンにAを入れ、さばの皮目を上にして入れ、厚揚げを加えて落としぶたをして火にかける。
3 7〜8分煮て火をとおし、しし唐辛子を加え、汁けが少なくなるまで煮る。

活用ヒント！
● p.33の「ぶりの照り焼き」とチェンジ

作りおきしたおかずは、80℃以上（湯気が出るくらい）まで再加熱して、一気に冷まし、冷めてからお弁当箱のふたをすること。中途半端に温め直したり、冷めきらないうちにふたをしたりすると、かえって傷みやすくなるので注意。本書では基本として電子レンジ600Wでの再加熱時間の目安を記載しています。

¼量 205 kcal

保存の目安　冷蔵で2～3日　冷凍保存も可
再加熱　低めの温度のオーブントースターで3～4分

白身魚のから揚げ

材料（お弁当のおかず4食分）
白身魚（たらなど）……………………4切れ
卵白……………………………………1個分
A［おろししょうが1片分、酒小さじ2、しょうゆ大さじ1、ごま油小さじ1、塩・こしょう各少々］
片栗粉…………………………………適量
揚げ油…………………………………適量

作り方
1. 白身魚はひと口大に切り、骨があったらとり除く。
2. ボウルに卵白を入れてかるく泡立て、Aを加えて混ぜ、1をからめ、片栗粉をまぶして揚げ油（180℃）で揚げる。

活用ヒント！
● p.105の「たらのチーズ焼き」とチェンジ

¼量 300 kcal

保存の目安　冷蔵で3～4日
再加熱　1食分レンジ再加熱 1分30秒～2分

ぶりの香味みそ焼き

材料（お弁当のおかず4食分）
ぶり……………………………………4切れ
A［みそ・みりん各大さじ3、おろししょうが1片分、砂糖小さじ2］
れんこん………………………………1節
にんじん………………………………1本
オリーブ油、塩、こしょう……………各適量

作り方
1. ぶりは1切れを半分に切り、Aをからめる。れんこん、にんじんは皮をむいて輪切りにする。
2. 天板にオーブンシートを敷き、1を並べ、オリーブ油をかけ、220℃に予熱したオーブンで10～13分焼く。れんこん、にんじんには塩、こしょうをふる。

活用ヒント！
● p.103の「豚肉とれんこんのチャップソテー」「にんじんたらこあえ」とチェンジ

⅕量 125 kcal

保存の目安　冷蔵で4～5日　冷凍保存も可
再加熱　なし

さばフレーク

材料（お弁当のおかず5食分）
塩さば…………………………………3～4切れ
酒………………………………………大さじ2

作り方
1. 塩さばを耐熱皿にのせて酒をふり、ふんわりとラップをして電子レンジで3～4分加熱する。加熱後に出た蒸し汁は捨てずにとりおく。
2. 皮、骨をとり除いてほぐし、1の蒸し汁を加えてそのまま冷ます。

＊塩さけで同様にしてもおいしい。

活用ヒント！
● p.85の「三色そぼろ丼」の「鶏ひき肉そぼろ」とチェンジ

¼量 251 kcal

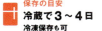 保存の目安
冷蔵で3～4日
冷凍保存も可

 1食分レンジ再加熱
1分～1分30秒

¼量 163 kcal

保存の目安
冷蔵で3～4日
冷凍保存も可

 1食分レンジ再加熱
1分～1分30秒

⅓量 221 kcal

保存の目安
冷蔵で2～3日

 1食分レンジ再加熱
1分～1分30秒

かじきのごま焼き

材料（お弁当のおかず4食分）
かじき……………………………4切れ
A［しょうゆ大さじ1、マヨネーズ小さじ1、塩・こしょう各少々］
B［小麦粉大さじ3、ほぐし卵1個分、水大さじ1］
黒、白いりごま………………各大さじ2
油……………………………………適量

作り方

1 かじきは1切れを2～3等分に切り、Aをからめ、Bといりごまを混ぜた衣をつける。

2 フライパンに油を薄くひいて火にかけ、1を入れて焼き、きれいな焼き色がついたら裏返して両面焼いて火をとおす。

活用ヒント！
● p.101の「コーン肉団子」とチェンジ

あじバーグ

材料（お弁当のおかず4食分）
あじの水煮缶……………………150g
はんぺん……………………1枚（100g）
A［玉ねぎ（みじん切り）¼個分、ほぐし卵1個分、塩・こしょう各少々、パン粉大さじ5］
油……………………………………適量

作り方

1 はんぺんはボウルに入れてすりつぶし、あじは汁けをきって加え、Aを入れて混ぜ合わせる。8等分にして形を整える。

2 フライパンに油を薄くひいて火にかけ、1を入れてハンバーグの要領で焼いて火をとおす。

活用ヒント！
● p.107の「れんこん入りチキンナゲット」とチェンジ
● いわしやさばの水煮缶でも同様にして、いわしバーグ、さばバーグに

えびチリ

材料（お弁当のおかず3食分）
むきえび（大）……………………200g
A［酒小さじ1、こしょう少々、片栗粉大さじ1］
エリンギ……………………………3本
長ねぎ（みじん切り）……………15cm分
しょうが（みじん切り）……………1片分
豆板醤……………………………小さじ1
B［鶏がらスープの素小さじ½、トマトケチャップ大さじ3、しょうゆ・砂糖各小さじ1、水½カップ］
片栗粉……………………………小さじ1
油……………………………………適量

作り方

1 えびは背に切り込みを入れて背ワタをとり除き、Aをからめる。エリンギは石づきを切り落としてひと口大に切る。長ねぎは半量に片栗粉をまぶす。

2 フライパンに油を薄くひいて火にかけ、しょうが、長ねぎの残りを加えて炒め、えび、エリンギ、豆板醤を入れて炒める。

3 えびの色が変わったら、Bを加え、1の片栗粉をまぶした長ねぎを加えて混ぜ、とろみがついたら火を止める。

活用ヒント！
● p.23の「豚肉のしょうが焼き」とチェンジ

¼量 214 kcal

1個 130 kcal

3個 151 kcal

朝ラク弁当／魚介の作りおきおかず

保存の目安	再加熱
冷蔵で3～4日	低めの温度のオーブントースターで3～4分

保存の目安	再加熱
冷蔵で3～4日 冷凍保存も可	低めの温度のオーブントースターで3～4分

保存の目安	1食分レンジ再加熱
冷蔵で3～4日 冷凍保存も可	40秒～1分20秒

えびナゲット

材料（お弁当のおかず4食分）

むきえび………………………200g
はんぺん………………………50g
A［おろしにんにく1片分、ほぐし卵1個分、顆粒コンソメ小さじ½、塩・こしょう各少々、パン粉大さじ3］
揚げ油…………………………適量

作り方

1 むきえびは背に切り込みを入れて背ワタをとり除き、包丁でたたく。はんぺんはすりつぶす。

2 ボウルに1を入れ、Aを加えて混ぜ合わせる。スプーンで1個分ずつまとめて落として、揚げ油（180℃）で揚げる。

活用ヒント！
● p.31の「肉団子」とチェンジ

さけグラタン

材料（アルミカップ6個分）

生さけ……………………………1切れ
A［塩・こしょう各少々、酒小さじ½］
バター……………………………10g
玉ねぎ（薄切り）………………½個分
ほうれん草（長さ2～3cm）……30g
小麦粉……………………………大さじ1
牛乳………………………………1カップ
塩、こしょう……………………各適量
マカロニ…………………………50g
ピザ用チーズ……………………適量

作り方

1 生さけはAをふって耐熱容器に入れ、ふんわりとラップをして電子レンジで1分30秒～1分40秒加熱する。粗熱がとれたら骨、皮をとり除いてほぐす。マカロニはゆでる。

2 フライパンにバターを溶かし、玉ねぎを入れてしんなりするまで炒め、ほうれん草を加えてさっと炒める。小麦粉をまぶして牛乳を加え、1のさけを入れてとろみがつくまで火にかけ、塩、こしょうで味をととのえる。

3 大きめのアルミカップに1のゆでたマカロニを入れ、2を詰め、チーズをのせてオーブントースターで焼く。

えびシュウマイ

材料（12個分）

むきえび………………………100g
鶏ひき肉………………………100g
玉ねぎ（みじん切り）………¼個分
A［オイスターソース大さじ½、しょうゆ・砂糖・ごま油各小さじ1、おろししょうが½片分、片栗粉大さじ1と½、塩・こしょう各少々］
シュウマイの皮………………12枚
油………………………………適量

作り方

1 むきえびは背に切り込みを入れて背ワタをとり除き、包丁でたたく。

2 1をボウルに入れ、ひき肉、玉ねぎ、Aを加えて混ぜ合わせ、シュウマイの皮で包む

3 フライパンに油を薄くひいて火にかけ、2のシュウマイを並べ、水¾カップを入れてふたをして弱火で8～10分蒸し焼きにする。ふたをとって水分をとばす。

活用ヒント！
● p.33の「ぶりの照り焼き」とチェンジ
● お弁当のすき間に1個か2個入れても

115

赤い小さなおかず

赤色は見た目にも楽しく、食欲をそそります。パプリカ、にんじんなど赤い色の野菜はカロテンなどの栄養素も豊富。

ラディッシュの塩昆布あえ 34 kcal

材料と作り方（1人分）
ラディッシュ4〜5個は茎を2〜3cm残して葉を切り落とし、くし形切りにする。塩ひとつまみでもみ、水けをきって塩昆布ひとつまみであえる。

赤ピーマンとソーセージのケチャップ炒め 91 kcal

材料と作り方（1人分）
1 赤ピーマン1個は種とわたをとり除いて細切りにする。魚肉ソーセージ¼本は輪切りにする。
2 フライパンに油を薄くひいて火にかけ、1を炒め、トマトケチャップ小さじ2を加えて炒りつけ、塩、こしょう各少々で味をととのえる。

にんじんのみそきんぴら 56 kcal

材料と作り方（1人分）
にんじん30gは細切りにし、フライパンにごま油小さじ½を入れて火にかけ、1〜2分炒め、みそ小さじ⅛、酒、みりん各小さじ1を加えて水分がとぶまで炒める。

にんじんのバターコンソメレンジ煮 40 kcal

材料と作り方（1人分）
1 にんじん30gは輪切りにし、耐熱ボウルに入れてバター3g、顆粒コンソメ小さじ¼、水小さじ1を加えてふんわりとラップをし、電子レンジで40〜50秒加熱する。
2 上下を返して混ぜ、かたさをみて、追加で20〜30秒加熱し、塩、こしょうで味をととのえる。

赤ピーマンのゆかりあえ 15 kcal

材料と作り方（1人分）
赤ピーマン1個は種とわたをとり除いて細切りにする。耐熱容器に入れてふんわりとラップをして電子レンジで40〜50秒加熱し、ゆかり小さじ⅕であえる。

キドニービーンズの甘煮 52 kcal

材料と作り方（1人分）
キドニービーンズ（水煮）30g、砂糖大さじ½、水大さじ1を耐熱容器に入れて、ふんわりとラップをして電子レンジで40〜50秒加熱する。

かぶの梅あえ 31 kcal

材料と作り方（1人分）
1 はちみつ梅干し1〜2個は種をとり除いて、たたく。
2 かぶ30gは皮をむいて薄切りにし、塩ひとつまみでもんで、しんなりしたら1の梅干しであえる。

ミニトマトバーガー 84 kcal

材料と作り方（1人分）
ミニトマト2個は半分に切る。ハム1枚とプロセスチーズ適量をミニトマトと同じくらいの大きさに切り、ちぎったグリーンリーフ適量を添えてミニトマトにはさみ、ピックで刺す。

赤いウインナー炒め 71 kcal

材料と作り方（1人分）
赤いウインナーソーセージ3本は片側に十字に切り込みを入れる。フライパンに油を薄くひいて火にかけ、ウインナーを入れてさっと炒める。

紫キャベツの塩もみサラダ 63 kcal

材料と作り方（1人分）
紫キャベツ50gはせん切りにして塩ひとつまみでもんで水けをしぼる。オリーブ油小さじ1、粗びき黒こしょう少々であえる。

赤ピーマンのきんぴら風 74 kcal

材料と作り方（1人分）
1 赤ピーマン1個は種とわたをとり除いて細切りにする。
2 フライパンにごま油小さじ½を入れて火にかけ、1を炒め、しょうゆ、みりん各小さじ1、砂糖小さじ¼、好みで赤唐辛子の輪切り少々を加えて汁がなくなるまで炒める。

緑の小さなおかず

野菜が足りないと思ったら、緑の野菜を
おかか、じゃこ、ごま、チーズで
あえるとちょっとした一品になります。

芽キャベツの
コンソメひたし 36 kcal

材料と作り方（1人分）
芽キャベツ4〜5個はやわらかくなるまでゆでる。顆粒コンソメ小さじ½に熱湯¼カップを加えて溶かし、芽キャベツを5分ほどひたす。

さやいんげんの
おかかあえ 20 kcal

材料と作り方（1人分）
さやいんげん4〜5本は水洗いして水けを残したままラップで包んで電子レンジで1分30秒加熱し、長さを3等分に切る。削り節としょうゆ各少々であえる

アスパラガスの
チーズ焼き 35 kcal

材料と作り方（1人分）
グリーンアスパラガス2本は下のかたい部分とハカマをとり除き、長さ5cmに切る。アルミホイルにのせて塩、こしょう、粉チーズ各適量をふってオーブントースターでかるく焼き色がつくまで焼く。

ピーマンの
じゃこ炒め 47 kcal

材料と作り方（1人分）
ピーマン1個は種とわたをとり除いて細切りにする。フライパンにごま油を薄くひいて火にかけ、ちりめんじゃこ小さじ2とピーマンを炒め、しょうゆ少々をまわし入れる。

ピーマンのおかかあえ
16 kcal

材料と作り方（1人分）
ピーマン1個は種とわたをとり除いて1cmの角切りにし、ふんわりとラップをして電子レンジで1分加熱する。削り節2つまみ、しょうゆ少々であえる。

ほうれん草の黒ごまあえ 79 kcal

材料と作り方（1人分）

1. ほうれん草50gはゆで、長さ2〜3cmに切る。
2. しょうゆ小さじ½、砂糖小さじ1、黒すりごま小さじ2を混ぜ合わせて1をあえる。

ピーマンのココット 74 kcal

材料と作り方（1人分）

ピーマンは幅1cmの輪切りにする。フライパンに油を薄くひいて火にかけ、ピーマンを並べ、うずら卵を割り入れて塩少々をふり、うずら卵に火がとおるまで焼く。

きゅうりとわかめの酢の物 29 kcal

材料と作り方（1人分）

1. きゅうり⅓本は輪切りにして塩少々でもみ、わかめ（乾燥）2gはもどし、それぞれ水けをきる。
2. 1を酢、砂糖各小さじ1、しょうゆ小さじ½であえる。

オクラのおかかまぶし 18 kcal

材料と作り方（1人分）

オクラ2〜3本は塩少々をまぶして板ずりし、ゆでて湯をきる。小口切りにし、削り節3つまみ、しょうゆ小さじ½であえる。

きゅうりのカッテージチーズサラダ 58 kcal

材料と作り方（1人分）

1. きゅうり⅓本は皮をしまにむき、輪切りにして塩ひとつまみでもみ、水けをきる。
2. カッテージチーズ大さじ1、オリーブ油小さじ½、塩、こしょう各少々を合わせて1をあえる。

青じそのみそ巻き 70 kcal

材料と作り方（1人分）

ボウルにみそ、砂糖、きざんだナッツ各小さじ1を合わせて混ぜ、青じそ3〜4枚に等分にのせて端から巻く。

黄色の小さなおかず

黄色が入るとお弁当がぱっと明るくなります。卵焼きを入れないときも、なにか黄色いおかずがほしいもの。

コーンのピカタ 82 kcal

材料と作り方（1人分）
1. コーン大さじ1は小麦粉をまぶし、塩、こしょう各少々をふり、割りほぐした卵大さじ1（またはうずら卵1個）を加えて混ぜる。
2. フライパンに油を薄くひいて火にかけ、1をスプーンですくって丸く落とし、両面焼いて火をとおす。

ヤングコーンのマヨチーズ炒め 39 kcal

材料と作り方（1人分）
フライパンにマヨネーズ小さじ½を入れて火にかけ、ヤングコーン2〜3本を入れて炒め、粉チーズ小さじ½、塩、こしょう各少々を加えて味をととのえる。

黄パプリカとツナのカレー炒め 77 kcal

材料と作り方（1人分）
1. 黄パプリカ¼個は種とわたをとり除いて細切りにする。
2. フライパンに油を薄くひいて火にかけ、1とツナ缶小さじ2を炒め、カレー粉小さじ¼、塩、こしょう各少々で味をととのえる。

コーンとゆで卵のタルタル 194 kcal

材料と作り方（1人分）
ゆで卵1個は殻をむいて粗くつぶし、コーン大さじ2、マヨネーズ大さじ1と合わせて混ぜ、塩、こしょう各少々で味をととのえる。

カリフラワーのカレーピクルス 39 kcal

材料と作り方（1人分）
カリフラワー小房3〜4個は耐熱容器に入れ、カレー粉小さじ¼、酢、砂糖各小さじ1、塩少々、水大さじ2を加えて、ふんわりとラップをして電子レンジで2分加熱してそのまま冷ます。

さつまいもきんぴら
1/2量 69 kcal

材料と作り方（2人分）
1. さつまいも60gは細切りにし、水にさらして水けをきる。
2. フライパンにごま油小さじ1/2を入れて火にかけ、1を1〜2分炒め、しょうゆ、酒、みりん各小さじ1、砂糖小さじ1/2を加えて、水分がとぶまで炒める。

黄ミニトマトの
はちみつあえ 31 kcal

材料と作り方（1人分）
黄ミニトマト4〜5個は湯むきし、はちみつ小さじ1、レモン汁小さじ1/2であえる。

スイートかぼちゃ
85 kcal

材料と作り方（1人分）
1. 皮をとり除いたかぼちゃ50gは耐熱容器に入れ、ふんわりとラップをして電子レンジで1分〜1分30秒加熱し、やわらかくなったらつぶす。
2. 1に砂糖小さじ1、バター3g、卵黄小さじ1を加えて混ぜ、アルミカップに入れ、残りの卵黄を水で溶いて塗り、オーブントースターで焼き色がつくまで焼く。

さつまいもの
茶巾しぼり 102 kcal

材料と作り方（1人分）
1. さつまいも50gは輪切りにして厚く皮をむき、水にさらす。
2. 1を鍋に入れて水をかぶるくらいに加え、やわらかくゆでる。湯をすててつぶし、バター3g、牛乳小さじ2、砂糖小さじ1/2を加えて混ぜて火にかける。へらでかき混ぜながら水けをとばして弱火にし、ぽってりとしてきたら塩少々で味をととのえる。2等分してラップに包んで形を整える。

玉ねぎのカレーあえ
24 kcal

材料と作り方（1人分）
玉ねぎ1/4個は繊維を断って薄切りにし、塩ひとつまみでもみ、水にさらしてしぼる。カレー粉小さじ1/4、めんつゆ（3倍濃縮）小さじ1を加えて混ぜる。

たくあんのごま炒め
46 kcal

材料と作り方（1人分）
たくあん15〜20gは細切りにする。フライパンにごま油小さじ1/2を入れて火にかけてたくあんを炒め、白いりごま適量をふる。

茶色と黒の小さなおかず

地味な色ですが、じつは「滋味色」で、食物繊維やミネラルが豊富。ごはんと合うおいしい色なのです。

きのこのポン酢マリネ
37 kcal

材料と作り方（1人分）
しめじ小房50gを耐熱容器に入れ、ポン酢しょうゆ小さじ2、オリーブ油小さじ½を加えて混ぜてふんわりとラップをして電子レンジで1分〜1分30秒加熱する。かき混ぜてそのまま冷ます。

しいたけのフリッター
86 kcal

材料と作り方（1人分）
1. しいたけ2個は食べやすい大きさに切る。
2. 小麦粉大さじ1、塩ひとつまみ、炭酸水大さじ1と½を合わせて衣を作り、1につけて揚げ油（180℃）で揚げ、塩少々をふる。

ちくわとしいたけのレンジ煮
62 kcal

材料と作り方（1人分）
1. ちくわ1本は輪切りにし、しいたけ2個は石づきを切り落として食べやすい大きさに切る。
2. 1を耐熱容器に入れて、しょうゆ大さじ½、砂糖小さじ1、水大さじ1と½を加え、ふんわりとラップをして電子レンジで1〜2分加熱し、そのまま味がなじむまで冷ます。

油揚げのねぎみそピザ
91 kcal

材料と作り方（1人分）
1. 長ねぎのみじん切り小さじ2は、みそ、みりん各小さじ1、砂糖小さじ½を加えて混ぜる。
2. 油揚げ½枚は半分に切り、1を等分に塗り、ピザ用チーズ適量をのせてオーブントースターで焼き色がつくまで焼く。

ごぼうのごま酢あえ
18 kcal

材料と作り方（1人分）
ごぼう10cm（30g）はゆでて、熱いうちにめん棒などでたたいて乱切りにする。酢、砂糖、しょうゆ各小さじ½、白すりごま小さじ1を合わせてあえる。

朝ラク弁当／茶色と黒の小さなおかず

まいたけのバターポン酢 38 kcal

材料と作り方（1人分）
まいたけ小房50gはほぐし、フライパンにバター3gを溶かして炒め、ポン酢しょうゆ大さじ½を加えて汁けがなくなるまで炒め、塩、こしょう各少々で味をととのえる。

しめじとしらたきのソース炒め 54 kcal

材料と作り方（1人分）
フライパンに油を薄くひいて火にかけ、しめじの小房30gと食べやすく切ったしらたき（あく抜きタイプ）30gを炒める。中濃ソース小さじ2、みりん小さじ½を加えて炒め、水分がとんできたら塩、こしょう各少々で味をととのえ、青のり適量をふる。

大根としいたけの煮物 103 kcal

材料と作り方（1人分）
1. 大根100gは厚さ5mmのいちょう切りにし、しいたけは石づきを切り落として厚さ5mmに切る。
2. 小鍋に1を入れ、酒、みりん各大さじ½、砂糖、ごま油各小さじ1、しょうゆ小さじ2、水½カップを加え、落としぶたをしてやわらかくなるまで煮る。

しいたけのツナチーズ焼き 88 kcal

材料と作り方（1人分）
しいたけ2個は軸をとり除き、かさの裏を上にしてしょうゆ少々をふり、ツナ缶（汁けをきる）大さじ1、スライスチーズ適量をのせてオーブントースターでチーズが溶けるまで焼く。

わかめのナムル 59 kcal

材料と作り方（1人分）
わかめ（乾燥）3gは水でもどして水けをきり、ひと口大に切る。白すりごま大さじ½、ごま油小さじ1、鶏がらスープの素小さじ¼、塩少々であえる。

油揚げと漬け物のチーズ焼き 87 kcal

材料と作り方（1人分）
油揚げ½枚は三角に半分に切る。漬け物＊のみじん切り大さじ1、ピザ用チーズ適量を等分にのせてオーブントースターで焼き色がつくまで焼く。

＊漬け物は高菜漬けやたくあんなど好みのものでOK

604 kcal 豚汁弁当

前夜のおかずに豚汁を作っておいて、再加熱するだけでもOK。

メインおかず 335 kcal

豚汁

材料（1人分）
- 豚バラ薄切り肉 …………… 50g
- ごま油 …………………… 小さじ1
- しょうが（せん切り）……… ½片分
- にんじん（いちょう切り）…… 25g
- 大根（いちょう切り）……… 50g
- こんにゃく（短冊切り）…… ⅙枚分
- 豆腐（1.5cmの角切り）…… 50g
- 長ねぎ（小口切り）………… 5cm分
- だし汁 …………………… 2カップ*
- みそ ……………… 大さじ1〜1と½

作り方

1 豚肉は幅1cmに切る。

2 鍋にごま油を熱し、しょうがを炒めて香りが立ったら肉、にんじん、大根、こんにゃくを炒める。

3 肉の色が変わったらだし汁を加え、野菜がやわらかくなるまで煮て、豆腐を入れて火をとおし、みそを溶き入れて長ねぎを加える。

*だし汁は、野菜を煮ていて水分が減ったら、少し足して調節する

サブおかず 58 kcal（⅕量）

甘めの卵焼き

材料と作り方（作りやすい分量）

1 卵2個を割りほぐし、みりん、砂糖各小さじ2、しょうゆ小さじ½、塩少々を加えて混ぜ合わせる。

2 卵焼き用のフライパンに油少々を熱し、1を2〜3回に分けて流し入れて卵焼きを焼く。粗熱が取れたら詰めやすく切る。

のり巻きおにぎり
（ごはん120g）211 kcal ＋たくあん

鶏つくねスープ弁当

 542 kcal

鶏のつくねはしっかり火をとおすこと。

メインおかず　185 kcal
鶏つくねスープ

材料（1人分）

鶏ひき肉	80g
A しょうゆ、酒、片栗粉	各小さじ1
こしょう	少々
長ねぎ（みじん切り）	5cm分
水菜（ざく切り）	20〜30g
ミニトマト（へたをとり除く）	2〜3個
B 水	2カップ
鶏がらスープの素	大さじ½
塩、こしょう	各適量

作り方

1. ひき肉にAを加えてよく混ぜる。
2. 鍋にBを入れて火にかけ、煮立ったら1をスプーンで落として、火がとおるまで煮る。
3. 水菜、ミニトマトを入れてひと煮し、塩とこしょうで味をととのえる。

サブおかず　85 kcal
ピーラーにんじんのごまあえ

材料と作り方（1人分）

1. にんじん80gはピーラーで薄切りにし、耐熱容器に入れ、ふんわりとラップをして電子レンジで約1分加熱する。
2. しょうゆ、砂糖各小さじ1、白すりごま小さじ2を加えてあえる。

プラスおかず　3 kcal
ゆでブロッコリー
小房1個（10g）

ごはん（1人分160g）269 kcal
＋ごま塩

豚バラときのこの豆乳みそスープ弁当

858 kcal

みそに豆乳を加えると、まろやかなスープ味に。

メインおかず　376 kcal
豚バラときのこの豆乳みそスープ

材料（1人分）

豚バラ薄切り肉	50g
豆腐（1.5cmの角切り）	50g
しめじ、まいたけ（小房に分ける）	
	合わせて100g
にら（長さ2cmに切る）	15〜20g
A [豆乳（成分無調整）	1カップ
水	½カップ
めんつゆ（3倍濃縮）	小さじ2
みそ	小さじ2
塩、こしょう	各適量

作り方

1. 豚肉は幅2〜3cmに切る。
2. 鍋にAを入れて火にかけ、ひと煮立ちしたら肉、豆腐、しめじ、まいたけを入れ、ふきこぼれないように注意しながら肉と野菜に火をとおす。
3. みそを溶き入れ、にらを加えて塩、こしょうで味をととのえ、再び煮立ったら火を止める。

サブおかず　213 kcal
ツナチャプチェ

材料（1人分）

春雨（乾燥）	20g
しいたけ（細切り）	1枚分
ピーマン（細切り）	赤、緑各½個分
ツナ缶（汁ごと）	½缶（40g）
A [しょうゆ、砂糖	各大さじ½
ごま油、豆板醤	各小さじ½
水	¼カップ
白いりごま	適量

作り方

耐熱ボウルに春雨、しいたけ、ピーマン、ツナ（汁缶ごと）、Aを入れ、ふんわりとラップをして電子レンジで3分加熱する。全体を混ぜて、さらにラップをはずして1分加熱し、いりごまを散らす。

ごはん（160g）269 kcal

409 kcal たらのチゲスープ弁当

カラダが温まるピリ辛スープです。野菜は白菜や大根などでもOK！

メインおかず 204 kcal

たらのチゲスープ

材料（1人分）

甘塩たら	1切れ
豆腐（1.5cmの角切り）	50g
しょうが（みじん切り）	½片分
豆板醤	小さじ½
ごま油	大さじ½
A にんじん（短冊切り）	15g
玉ねぎ（くし形切り）	⅛個分
しいたけ（薄切り）	1個分
B 鶏がらスープの素	小さじ1
水	1と½カップ
キムチ	30g
みそ	小さじ2

作り方

1. たらは食べやすい大きさに切り、骨があったらとり除く。
2. 鍋にごま油、しょうが、豆板醤を入れて火にかけ、香りが立ったらAを入れて炒め、油が回ったら、Bとたら、豆腐を加えてひと煮して火をとおす。
3. みそ、キムチを加えてひと煮立ちさせる。

サブおかず 12 kcal

たたききゅうりのみそあえ

材料と作り方（1人分）

きゅうり½本はめん棒でたたいて乱切りし、塩ひとつまみでもむ。水けをしぼり、みそ小さじ½、白いりごま小さじ1をまぶす。

玄米塩昆布おにぎり 193 kcal

材料と作り方（1人分）

玄米ごはん100gに枝豆15粒、塩昆布4gを加えて混ぜ、かるく塩をまぶしておにぎりをにぎる。

さけのタイ風カレースープ弁当

803 kcal

汁けが多いカレースープならジャー弁当になります。

メインおかず 382 kcal

さけのタイ風カレースープ

材料（1人分）

- 甘塩さけ……1切れ
- 玉ねぎ（薄切り）……1/4個分
- たけのこ（水煮・薄切り）……80g
- ピーマン（幅1cmの細切り）……赤、緑各1/2個分
- A
  - グリーンカレーペースト……大さじ1/2
  - ココナッツミルク*……1/2カップ
  - 砂糖……小さじ1/2
  - 水……3/4カップ
  - 鶏がらスープの素……小さじ1/2
- 塩、こしょう……各少々
- 油……適量

*ココナッツミルクは同量の牛乳や豆乳でもOK

作り方

1. さけはひと口大に切り、骨があったらとり除く。
2. フライパンに油を薄くひいて火にかけ、1のさけを焼き、フライパンの空きで玉ねぎ、たけのこ、ピーマンを炒める。
3. 油が回ったらAを加え、5〜6分煮て塩、こしょうで味をととのえる。

サブおかず 158 kcal

えびマヨサラダ

材料と作り方（1人分）

1. ブロッコリー小房4個とむきえび4〜5尾はそれぞれゆで、湯をきる。
2. ボウルに1を入れ、コーン大さじ2、マヨネーズ大さじ1、トマトケチャップ小さじ1を加えてあえ、こしょう少々で味をととのえる。

雑穀ごはん
（1人分160g）263 kcal

ウインナーと野菜のポトフ風弁当

512 kcal

ウインナーと野菜しかなくても、速攻あったかポトフ弁当に。

メインおかず 203 kcal

ウインナーと野菜のポトフ風

材料（1人分）
- ウインナーソーセージ ……… 3〜4本
- ブロッコリー小房 ……………… 4個
- 玉ねぎ（くし形切り）………… 1/4個分
- かぶ（くし形切り）………… 大1/2個分
- キャベツ（ざく切り）…………… 1枚分
- A 顆粒コンソメ ……………… 大さじ1/2
- A 水 …………………………… 2カップ
- 塩、こしょう ………………… 各適量

作り方
1. ウインナーは皮に切り目を入れる。
2. 鍋に玉ねぎ、かぶ、キャベツを入れてAを加え、やわらかくなるまで煮る。
3. ウインナー、ブロッコリーを加えて2〜3分煮て火をとおし、塩、こしょうで味をととのえる。

プラスおかず

りんご（1/2個）61 kcal

ベーグル（1個）248 kcal

COLUMN

ちょっとした工夫で
お弁当作りがぐんとスムーズに

お弁当作りが毎日のことになると、お弁当箱など小物類が増えます。
朝の忙しい時間に必要なものがすぐ出せるようにキッチンの収納の見直しをしましょう。

お弁当グッズを まとめて収納

お弁当箱、箸箱、お弁当用スプーンやフォーク、ナプキンやお弁当袋、お弁当箱用バンド、おかずカップやペーパー、ピック類など小物がすぐ取り出せるように、収納場所を決めておきましょう。

前夜に小物を 出しておく

お弁当用のトレイを決めて、翌朝使うお弁当箱、お箸、必要な小物をトレイに出してそろえておきましょう。そうすると、朝起きてすぐお弁当作りにとりかかれます。

「ごはんのおとも」と 「すき間おかず」は常備!

梅干し、佃煮、ごま、ふりかけなどごはんに添える「ごはんのおとも」、すき間を埋める「すき間おかず」は、それぞれまとめておきましょう。お弁当を作る途中で、「どこかにあるはず」と探す時間と労力を省けます。

翌朝のイメージ トレーニングをしてみる

お弁当の小物を準備するときに、翌朝作るお弁当の献立と手順のイメージトレーニングをしてみましょう。気持ちに余裕が生まれます。ついでに調味料のチェックもお忘れなく。

自分用にもお弁当を 詰めて実際に食べてみる

お弁当は詰めてから数時間後に食べておいしいことが肝心。自分も同じようにお弁当箱に詰めてお昼に食べてみましょう。どんな弁当になっているかよく分かって、次の工夫もできます。

Part 4

やる気を応援する
塾弁当・部活弁当

放課後の活動が盛んな中高生は、
夕食を時間どおりとることがむずかしくなります。
塾に行く前に食べたり、持参したりする塾弁当と、
部活に参加するためのがっつり部活弁当を紹介。

(751 kcal) いなりずし弁当

 ごはんは冷蔵室ではパサパサになるので、野菜室（5〜7℃）で保存を。これで朝作っても塾に行く時間までおいしく食べられます。

メインおかず 4個分 586 kcal

いなりずし

材料

▼いなり揚げ（作りやすい分量・8個分）
- 油揚げ……………………………4枚
- A ┌ しょうゆ、砂糖、みりん 各大さじ2
    └ 水……………………………½カップ

▼すしめし（1人分・4個分）
- ごはん（温かいもの）……………180g
- B ┌ 酢……………………………小さじ2
    │ 砂糖…………………………大さじ½
    └ 塩……………………………小さじ⅓
- 白いりごま………………………大さじ1

作り方

1 油揚げを煮る。油揚げは半分に切って袋にし、熱湯で20〜30秒ゆでて、しっかり湯をきる。小鍋に入れてAを加え、落としぶたをして汁けが少なくなるまで煮る。

2 Bを合わせてすし酢を作る。

3 ごはんに2を加えて混ぜ、いりごまを加えてすしめしを作り、汁をきった1に詰める。好みで袋の半量を裏返して詰めてると見た目に変化がつく。

＊すしめしにひじきの煮物や肉そぼろなどを混ぜてもおいしい

サブおかず 97 kcal

小松菜のツナ炒め

材料と作り方（1人分）

フライパンにごま油小さじ1を熱し、ざく切りにした小松菜50g、汁けをきったツナ缶大さじ1を炒め、塩、こしょう各少々で味をととのえる。

プラスおかず 68 kcal

キャンディーチーズ（市販）

4個

580 kcal

サンドイッチ弁当

冷蔵庫で冷やすとパンと具がなじむので、サラダをたっぷりはさんでも大丈夫。

塾弁／朝作って冷蔵庫にスタンバイOK

メインおかず 527 kcal
サンドイッチ

材料（1人分）
- サンドイッチ用食パン……4枚
- バター……適量
- A
  - ハム……2枚
  - レタス……2〜3枚
  - スライスチーズ……1枚
- ▼ツナポテトサラダ（作りやすい分量）
- B
  - ゆでたじゃがいも……1個（約80g）
  - ツナ、ミックスベジタブル、マヨネーズ……各大さじ1
  - 塩、こしょう……各適量

作り方
1. Bのじゃがいもはつぶし、ほかの材料を合わせてツナポテトサラダを作る。
2. パンにバターを塗り、2枚にはAをはさみ、もう2枚は1のツナポテトサラダ適量をはさむ。食べやすい大きさに切る。

プラスおかず 53 kcal
パイナップル（100g）

冷やしたほうが作りたてより
断然おいしくなる！

メインおかず 388 kcal

フルーツロールサンド

材料（1人分）
- サンドイッチ用食パン……………… 4枚
- クリームチーズ……………… 大さじ3
- はちみつ……………… 小さじ1
- 好みのフルーツ（キウイフルーツ、オレンジ、パイナップルなど）……………… 適量

作り方

1 クリームチーズは常温においてやわらかくする。フルーツは1〜1.5cm角に切る。

2 食パンは手で押さえ、ヘラかめん棒でかるく押して厚みを薄くする。

3 クリームチーズにはちみつを加えてヘラでねり混ぜ、2のパンに塗り、1のフルーツを並べてくるくると巻く。ラップで包み、両端をマスキングテープなどでとめてキャンディー状にする。

サブおかず 146 kcal

ミックスビーンズと
ベーコンのサラダ

材料と作り方（1人分）

1 ベーコン1枚は細切りにしてカリッと焼き、ブロッコリー小房4個はゆでる。

2 ボウルに1とミックスビーンズ大さじ2を入れ、マヨネーズ小さじ1、レモン汁小さじ½、粒マスタード小さじ½を加えてあえ、塩、こしょうで味をととのえる。

 534 kcal フルーツロールサンド弁当

⓺⁸⁸ kcal 和風サラダスパゲッティ弁当

さわやかさアップに
きゅうりは欠かせません。

メインおかず 672 kcal
和風サラダスパゲッティ

材料(1人分)
スパゲッティ	100g
きゅうり	1/2本
にんじん	30g
ツナ缶	大さじ2
コーン	大さじ2
A めんつゆ(3倍濃縮)	大さじ2
ごま油	小さじ1
マヨネーズ	大さじ1
塩、こしょう	各適量
削り節	2つまみ

作り方
1. スパゲッティは表示どおりにゆで、水にさらして水けをきる。
2. きゅうりは輪切りに、にんじんは細切りにして、それぞれ塩もみして水けをしぼる。
3. ボウルに1と2、ツナ、コーンを入れてAを加えて混ぜ、塩、こしょうで味をととのえ、削り節をふる。

プラスおかず 16 kcal
ゆで枝豆(4個)

塾弁／朝作って冷蔵庫にスタンバイOK

ベーコン入り ラタトゥイユ弁当

739 kcal

レンジ加熱で作っても、夕方には煮込んだ風味に。

メインおかず 281 kcal

ベーコン入りラタトゥイユ

材料（1人分）
ベーコン	2枚
ズッキーニ	⅓本
なす	1本
しめじ	50g
パプリカ	赤、黄各¼個
トマト	½個
A　顆粒コンソメ	小さじ1
オリーブ油	大さじ½
塩、こしょう	各適量

作り方

1 ベーコンは細切りにする。ズッキーニとなすは半月切りに、しめじは石づきを切り落として小房に分け、パプリカとトマトは1cm角の角切りにする。

2 耐熱ボウルに1を入れ、Aを加えてふんわりとラップをし、電子レンジで3〜4分加熱する。

3 大きく混ぜて塩、こしょうで味をととのえる。

プラスおかず

ぶどう(15粒)、オレンジ(⅙個)
55 kcal

クロワッサン(小さめ3個) 403 kcal

| **メインおかず** 402 kcal

さんまごはん

材料（1人分）

さんまの蒲焼缶	50g
A　甘酢しょうが（せん切り）	大さじ½
青じそ（細切り）	2枚分
白いりごま、塩	各適量
ごはん（温かいもの）	160g

作り方

1. さんまの蒲焼きはほぐす。
2. ごはんに1とAを加えて混ぜ、塩で味をととのえ、いりごまをふる。

記憶力・集中力・免疫力up ▶ さんま

青魚も缶詰なら下ごしらえも味つけも手間なしで、記憶力アップ。

| **サブおかず** 31 kcal

アスパラガスののりあえ

材料と作り方（1人分）

1. グリーンアスパラガス2～3本は根元のかたい部分とハカマをとり除いてゆで、長さ3～4cmに切る。
2. 1はめんつゆ（3倍濃縮）小さじ1であえ、のり⅙枚をちぎってまぶす。

| **サブおかず** 114 kcal

にんじんしりしり

材料と作り方（1人分）

にんじん50gはスライサーで細切りにし、ごま油小さじ½を熱したフライパンで炒め、ツナ缶小さじ2を加えて炒め合わせ、しょうゆとみりん各小さじ½で調味する。割りほぐした卵½個分を加えて炒め合わせ、塩、こしょうで味をととのえる。

| **サブおかず** 107 kcal

かまぼこチーズ

材料と作り方（1人分）

かまぼこ2切れ（40g）は切り目を入れ、ピザ用チーズ適量（20g）をはさんでオーブントースターでかるく焼く。

塾弁／朝作って冷蔵庫にスタンバイOK／集中力アップ・風邪予防！

654 kcal

さんまごはん弁当

139

れんこんのはさみ焼き弁当

595 kcal

免疫力 up ▶ れんこん
ビタミン、ムチンが豊富なれんこんで風邪予防！

メインおかず 276 kcal
れんこんのはさみ焼き

材料（1人分）

れんこん	5〜6㎝（50g）
豚ひき肉	50g
A　おろししょうが	⅓片分
塩、こしょう	各少々
片栗粉	小さじ½
片栗粉	適量
B　みりん、酒	各大さじ1
しょうゆ	小さじ1
油	適量

作り方
1. ひき肉はAを加え、混ぜてこねる。
2. れんこんは皮をむいて薄切りにし、酢水（分量外）にさらし、水けをふく。片栗粉をまぶして1をはさむ。
3. フライパンに油を薄くひいて火にかけて2を入れ、両面色よく焼いて火をとおし、Bを加えて煮からめる。

サブおかず 38 kcal
えのきの梅あえ

材料と作り方
えのきだけ50gは軸のくっついている部分を切り落とし、耐熱容器に入れる。ごま油小さじ½をふって、ふんわりとラップをして電子レンジで1分〜1分30秒加熱する。しょうゆ少々、種をとり除いてたたいた梅干し1個分であえる。

サブおかず 12 kcal
三つ葉ともやしのおひたし

材料と作り方
2〜3㎝に切った三つ葉20g、もやし30gは耐熱容器に入れてふんわりとラップをして電子レンジで50秒〜1分加熱する。削り節としょうゆ各少々であえる。

おにぎり+のり
（1人分ごはん160g） 269 kcal

塾弁／集中力アップ・風邪予防！

681 kcal いわしといんげんの ピカタ弁当

| メインおかず | 294 kcal |

いわしといんげんのピカタ

材料（1人分）
いわし（3枚おろし）	2切れ
塩、こしょう	各少々
さやいんげん	5〜6本
小麦粉	適量
ほぐし卵	1個分
油	適量

作り方
1. いわしは1切れを半分に切り、塩、こしょうをふる。いんげんはへたをとり除いて長さ3〜4cmに切る。
2. 1に小麦粉をまぶし、卵にくぐらせる。フライパンに油を薄くひいて火にかけて入れ、色よく焼けたら裏返して焼き、中まで火をとおし、かるく塩をふる。

＊いんげんは、いかだのように数本並べて焼くときれいに仕上がる

| サブおかず | 62 kcal |

かぼちゃシナモン

材料と作り方
かぼちゃ50gは1.5cm角に切る。フライパンに油を薄くひいて火にかけて入れ、転がしながら焼き、ふたをして弱火で1〜2分蒸し焼きにして火をとおし、砂糖小さじ½、塩ひとつまみ、シナモン少々をふる。

| サブおかず | 56 kcal |

小松菜とくるみの塩昆布あえ

材料と作り方
小松菜50gは長さ3cmに切り、ゆでて水にさらして水けをしぼり、きざんだくるみ3〜4粒分と塩昆布2gであえる。

ごはん＋ふりかけ
（1人分160g）269 kcal

記憶力・集中力・免疫力up▶いわし
脳の機能強化▶くるみ

いわしは食べるのも作るのも
簡単な3枚おろしを活用、
青菜はくるみであえて脳を健やかに！

スコッチエッグ弁当

757 kcal

眠気防止▶雑穀
記憶力・集中力up▶卵と牛肉赤身

食後に眠気を誘わない雑穀と
脳を育て、免疫力をアップするコリンが豊富な
卵と牛肉赤身で！

メインおかず 336 kcal (½量)

スコッチエッグ

材料（作りやすい分量・2個分）

卵	2個
牛ひき肉（赤身）	80g
A 玉ねぎ（みじん切り）	⅛個分
ほぐし卵	½個分
パン粉	大さじ2
塩	少々
小麦粉	適量
ほぐし卵	½個分（肉だねの残り）
パン粉	適量
揚げ油	適量

作り方

1. 卵はゆでて殻をむく。
2. ひき肉はボウルに入れ、Aを加えてよく混ぜてこねる。
3. 1のゆで卵に小麦粉をまぶし、2で包み、小麦粉、ほぐし卵、パン粉を順にまぶして揚げ油（180℃）で揚げる。

サブおかず 59 kcal

ブロッコリーとベーコンのレンジコンソメ煮

材料と作り方（1人分）

ブロッコリー小房3〜4個、ベーコン1枚の細切りは耐熱容器に入れ、顆粒コンソメ小さじ¼、水大さじ1を加えて、ふんわりとラップをして電子レンジで50秒〜1分加熱し、塩少々で味をととのえる。

サブおかず 99 kcal

にんじんとレーズンのサラダ

材料と作り方（1人分）

にんじん50gはスライサーでせん切りにし、塩ひとつまみでもみ、水けをしぼる。ボウルに入れ、レモン汁、砂糖各小さじ½、オリーブ油小さじ1、塩、こしょう各少々を加えてあえ、レーズン大さじ1を加える。

雑穀ごはん（1人分160g） 263 kcal

メインおかず 499 kcal

さばのカレー竜田揚げ＆フライドにんじん

材料(1人分)

さば(3枚おろし)	半身1枚
A	おろししょうが、おろしにんにく…各½片分 しょうゆ、酒……各大さじ½ 塩、こしょう……各少々 カレー粉……小さじ½
片栗粉	適量
にんじん	⅓本
B	顆粒コンソメ……小さじ½ 粉チーズ……大さじ½ こしょう……少々
揚げ油	適量

作り方

1. さばはひと口大に切り、骨があればとり除く。にんじんはスティック状に切る。
2. Aを合わせ、1のさばを浸けて30分ほどおく。汁けをきって片栗粉をまぶす。
3. 揚げ油を180℃に熱し、1のにんじんを素揚げし、2のさばを揚げる。にんじんは混ぜ合わせたBをまぶす。

サブおかず 85 kcal

ほうれん草のココット

材料と作り方(1人分)

1. フライパンにバター3gを熱し、玉ねぎ⅛個の薄切りをしんなりするまで炒め、ほうれん草のざく切り10gを加えてさっと炒めて塩少々をふり、アルミカップに入れる。
2. ボウルにほぐし卵½個分、牛乳小さじ½、塩少々、ピザ用チーズ小さじ1を入れて混ぜ合わせる。1のアルミカップに入れてオーブントースターで色よく焼いて火をとおす。

梅とごまの混ぜご飯 289 kcal

材料と作り方(1人分)

温かいごはん160gに梅干しの果肉1個分をたたいて混ぜ、白いりごまを適量加えて混ぜ、お弁当箱に詰め、青じそを添える。

記憶力・集中力・免疫力up▶さば

DHA・EPAの豊富なさばは、しっかり下味をつけて揚げましょう。いわし、さけでもおいしく作れます。

塾弁／集中力アップ・風邪予防！

873 kcal

さばのカレー竜田揚げ弁当

143

1039 kcal みそカツ弁当

パンチのあるとんカツとピクルスの酢で疲労回復、青じそで免疫力アップ！ カロリーも1000kcal超えでボリューム満点！

メインおかず 355 kcal
みそカツ

材料（1人分）

豚肉しょうが焼き用	3枚
A　みそ	小さじ2
砂糖、酒	各小さじ1
青じそ	4枚
小麦粉、ほぐし卵、パン粉	各適量
揚げ油	適量

作り方

1. Aを合わせる。豚肉はめん棒などでたたいてのばし、1枚にAの半量を塗り、青じそ2枚を並べてのせて肉を1枚重ね、さらに残りのAを塗って青じそ2枚を並べてのせて肉を重ねる。
2. 小麦粉、ほぐし卵、パン粉を順にまぶして揚げ油（180℃）で揚げる。食べやすい大きさに切る。

サブおかず 161 kcal
きゅうりとにんじんのマリネ

材料と作り方（1人分）

きゅうり½本はめん棒でたたいて乱切りに、にんじん3cmは薄い短冊切りにする。合わせてポリ袋などに入れ、オリーブ油と酢各大さじ1、砂糖小さじ½、塩小さじ¼を入れてマリネする。

サブおかず 187 kcal
チーズ入り卵焼き

材料と作り方（1人分）

卵1個は割りほぐし、塩少々、牛乳小さじ1を加えて混ぜる。卵焼き用のフライパンに油を薄くひいて火にかけて半量を流し入れ、スライスチーズ1枚をのせて巻き、残りの卵液を流し入れて巻いて焼く。

ごはん ＋ふりかけ
（1人分200g） 336 kcal

メインおかず 244 kcal

鶏のしょうが焼き

材料（1人分）

鶏むね肉	120g
酒	小さじ1
塩、こしょう	各適量
小麦粉	大さじ½
A しょうゆ	大さじ½
酒、みりん	各小さじ½
おろししょうが	½片分
油	適量

作り方

1. 鶏肉は厚さ7〜8mmのそぎ切りにして酒をもみ込み、塩、こしょう、小麦粉をまぶす。
2. フライパンに油を熱し、1の肉を入れて焼き、焼き色がついたら裏返してAを加え、煮からめて火をとおす。

サブおかず 133 kcal

ごぼうサラダ

材料と作り方（1人分）

1. ごぼう10cmとにんじん4cmは細切りにして塩ゆでし、湯をきる。
2. 1をボウルに入れてツナ缶大さじ½、マヨネーズ小さじ2、白すりごま小さじ1を加えて混ぜ、塩、こしょう各少々で味をととのえる。

サブおかず 15 kcal

小松菜のおひたし

材料と作り方（1人分）

小松菜50gは長さ3cmに切り、塩ゆでして水にさらし、水けをしぼる。削り節2つまみ、しょうゆ小さじ1を加えて混ぜる。

梅ごはん 343 kcal

温かいごはん200gに梅干し大1個の果肉をたたいたものを混ぜる。

 735 kcal

鶏のしょうが焼き弁当

 高タンパク質の鶏むね肉で筋力アップ＆小松菜でカルシウム補給。もう少しカロリーを上げたければ、ゆで卵をプラスして。

パワーアップ！　がっつり部活弁当

焼き肉重弁当 803 kcal

メインおかず 705 kcal
焼き肉重

材料（1人分）

牛肉焼き肉用	150g
A　みそ	大さじ1
しょうゆ、酢、ごま油	各小さじ½
コチュジャン、砂糖	各大さじ½
ごはん	200g
油	適量

作り方

1. お弁当箱にごはんを詰める。
2. フライパンに油（または牛脂）を薄くひいて火にかけ、牛肉を広げて両面焼き、Aをからめて火をとおし、1の上に並べる。

サブおかず 49 kcal （½量）
煮卵

材料と作り方（1人分）

卵1個はゆでて殻をむく。保存袋などに入れ、めんつゆ（3倍濃縮）大さじ1〜2を加えて1時間以上浸ける。

＊前日から浸しておくと味がなじむ

サブおかず 49 kcal
ピーマンとしめじのナムル

材料と作り方（1人分）

1. ピーマン1個は種とわたをとり除き、細切りにする。しめじ30gは石づきを切り落として小房に分ける。
2. 耐熱容器に入れて電子レンジで1分〜1分20秒加熱し、塩少々、しょうゆ、ごま油各小さじ½、白いりごま小さじ¼を加えて混ぜる。

タンパク質をしっかり補給する焼き肉は部活弁当の定番。
もう少しカロリーを上げたい場合は、
ごはんを増量して間にのりをはさんでも。

メインおかず 465 kcal
マスタードチキン

材料（1人分）
- 鶏もも肉……………………120g
- 塩、こしょう………………各少々
- 片栗粉………………………小さじ1
- オリーブ油…………………大さじ½
- ブロッコリー小房……………3～4個
- A ┌ 粒マスタード、酒、しょうゆ
　　│　　　　　　　　　各大さじ½
　　└ はちみつ、水　　　　各大さじ1

作り方
1. 鶏肉は脂をとり除いてひと口大に切り、塩、こしょうをふり、片栗粉をまぶす。
2. フライパンにオリーブ油を入れて火にかけ、1を両面焼き色がつくまで焼き、ブロッコリーを加えて炒め、火がとおってきたらAを加えてからめながら炒め合わせる。

サブおかず 157 kcal
なすのねぎあえ

材料と作り方（1人分）
1. なす1本は乱切りにし、長ねぎ10cmはみじん切りにする。
2. フライパンにごま油小さじ2を入れて火にかけ、1のなすを焼き色がつくまで炒め焼きして火をとおし、長ねぎ、しょうゆ小さじ1、みりん大さじ1を加えてからめる。

サブおかず 39 kcal
ヤングコーンの カレー炒め

材料と作り方（1人分）
フライパンにバター3gを溶かし、ヤングコーン（水煮）2～3本を入れて炒め、カレー粉2つまみをまぶし、塩、こしょう各少々をふる。

ごはん ＋梅干し
（1人分200g） 336 kcal

夏の暑い時期は、
マスタードやカレーで疲労回復・食欲増進！
香辛料は殺菌効果もあるので夏のお弁当におすすめ。

997 kcal マスタードチキン弁当

パワーアップ！ がっつり部活弁当

149

859 kcal 酢豚弁当

 豚肉と酢のコンビで疲労回復・免疫力アップ。
野菜をたっぷり加えてビタミン摂取も忘れずに！

サブおかず　89 kcal
うずら卵の
ちくわ巻き磯辺あえ

材料と作り方（1人分）
ちくわ1本は縦に半分に切る。うずら卵の水煮2個にそれぞれちくわを内側を外向きにして巻き、楊枝でとめる。フライパンに油を薄くひいて火にかけ、さっと焼いて青のり適量をまぶす。

メインおかず　393 kcal
酢豚

材料（1人分）

豚肉とんカツ用	1枚
塩、こしょう	各少々
片栗粉	適量
にんじん	30g
ピーマン	1個
玉ねぎ	¼個
A［酢、しょうゆ、砂糖、酒、片栗粉	各小さじ1
トマトケチャップ	大さじ2
水	大さじ½
油	適量

作り方

1. にんじんとピーマンは乱切りにし、玉ねぎは1.5cm角に切る。豚肉は1.5cm角に切り、塩、こしょう、片栗粉をまぶす。Aは合わせる。
2. にんじん、玉ねぎは耐熱容器に入れて油小さじ½をかけ、ふんわりとラップをして電子レンジで1分30秒加熱し、ピーマンを加えてさらに30～40秒加熱する。
3. フライパンに油を薄くひいて火にかけ、**1**の肉を入れて色よく焼き、火がとおってきたらAと**2**の野菜を入れて炒め合わせる。

サブおかず　41 kcal
きゅうりのピリ辛即席漬け

材料と作り方（1人分）

1. きゅうり½本は皮を縦に3本くらいむき、長さ2cmに切って塩少々でもんで水けをしぼる。
2. 酢大さじ½、しょうゆ、ごま油各小さじ½、赤唐辛子の輪切り½本分を保存袋などに入れ、**1**のきゅうりを15分以上浸ける。汁けをきって詰める。

ごはん＋のり
（1人分200g）　336 kcal

部活弁当の 補食 カタログ

練習や試合中もエネルギーが持続するように
炭水化物とタンパク質を補給して疲労をケアする「補食」を紹介します。

チーズおかかおにぎり
261 kcal

材料と作り方（1人分）
プロセスチーズ25gは1cm角に切って、ごはん100gに混ぜ、塩少々をまぶして三角ににぎり、周囲に焼きのり適量を巻く。中央におかか（削り節＋しょうゆ少々）をのせる。

そぼろおにぎり
289 kcal

材料と作り方（1人分）
1. ごはん120gは鶏そぼろ20g（p.85参照）を混ぜて2等分し、俵形ににぎってまわりにかるく塩をまぶす。
2. 薄焼き卵（卵½個分）を幅3cmに切り、1に巻く。

グリーンピースとじゃこのおこわ風
1個 283 kcal

材料と作り方（作りやすい分量）
1. 餅入りごはんを炊く。米1合は普通に水加減し、切り餅1個を角切りにして加えて炊く。
2. ちりめんじゃこの甘辛炒め（作りやすい分量）を作る。フライパンにごま油大さじ½を入れて火にかけ、ちりめんじゃこ大さじ4を炒める。しょうゆ大さじ1、みりん大さじ2を加えて水分がとぶまで炒め、グリーンピース大さじ1、白いりごま大さじ1を混ぜる。
3. 1のごはん100gに2を20g混ぜて、太鼓形ににぎる。

ウインナーと卵のおにぎらず
419 kcal

材料と作り方（1人分）
1. フライパンに油を薄くひいて火にかけ、ウインナー4本を焼いて取り出す。そのフライパンに、卵1個、塩ひとつまみ、牛乳小さじ1を混ぜて流し入れ、炒り卵を作る。
2. ラップを広げて焼きのり全形1枚を敷き、塩をかるくふり、ごはん160gの半量を真ん中に置き、炒り卵、ウインナーをのせ、その上に残りのごはんをのせる。
3. 焼きのりを内側に折って全体を包み、ラップで包んで形を整え、落ち着いたら半分に切る。

肉巻きコーンおにぎり
368 kcal

材料と作り方（1人分）

1. ごはん100gはコーン大さじ2を混ぜて2等分して俵形ににぎる。牛薄切り肉2枚を広げ、それぞれおにぎりをのせて包むように巻き、片栗粉適量をまぶす。
2. フライパンに油を薄くひいて火にかけ、1をとじ目から入れて焼き、転がしながら全体に焼き色をつけて火をとおし、焼き肉のたれ大さじ2~3を加えてからめる。

ランチョンミートサンド
418 kcal

材料と作り方（1人分）

1. 卵1個にみりんとしょうゆ各小さじ½を混ぜ、卵焼き用のフライパンに油少々を熱して卵焼きを焼いて、切り分ける。フライパンに油を足して、ランチョンミート（厚さ7~8mmのスライス）2枚を両面焼く。
2. ロールパン2個に切りこみを入れ、それぞれ薄くバター適量を塗り、1をはさむ。

ナポリタンポケットサンド
398 kcal

材料と作り方（1人分）

パン（4枚切り）1枚は半分に切り、切り口の面に切り込みを入れてポケットにし、ナポリタン60g（p.95参照）を詰める。

焼きそばパン
487 kcal

材料と作り方（1人分）

1. フライパンに油少々を熱し、豚バラ薄切り肉（細切り）30g、にんじん（ざく切り）30g、キャベツ（ざく切り）1枚分を炒め、肉の色が変わったら中華蒸し麺1玉、水大さじ2を加えてほぐしながら蒸し焼きする。
2. 中濃ソース大さじ2、しょうゆ小さじ1を加えて炒め、塩とこしょう各少々で味をととのえる。
3. パン（8枚切り）2枚にバターを塗り、2をサンドしてラップでしっかり包み、落ち着いたらラップごと半分に切る。

パワーアップ！ がっつり部活弁当

手作り
シリアルバー2本
195 kcal

お好み焼き
545 kcal

材料と作り方（1人分）
1. ボウルに卵1個、小麦粉、水各大さじ5、天かす、桜えび各大さじ2、紅しょうが大さじ1を入れて混ぜて生地を作る。長ねぎ5cmの斜め薄切りと、キャベツ1枚のせん切りを加えて混ぜる。
2. フライパンに油を薄くひいて火にかけ、豚バラ薄切り肉2枚を焼いて塩、こしょう各少々をふり、1を流し入れて焼く。
3. 両面色よく焼いて中まで火をとおし、好みのソース適量をかけ、削り節、青のり各適量をふる。

材料と作り方（18×22cmのバット1台分・16本分）
1. 大きめの耐熱容器にマシュマロ100gとバター20gを入れてふんわりとラップをして電子レンジで約1分加熱する。熱いうちにフルーツグラノーラ150g、レーズン100gを加えて混ぜる。
2. クッキングシートを敷いたバットに入れて平らにならし、レーズン15g、ごま（白黒合わせて）大さじ1をちらして、冷蔵庫で約30分切りやすいかたさになるまで冷やす。食べやすいスティック状にカットする。

more info
簡単便利な
お手軽捕食もチェック！

- オレンジジュースなどのパックのジュース（夏場は凍らせて）
- 魚肉ソーセージ
- 裂けるチーズ
- かたゆで卵
- 小さなおにぎり
- レモンのはちみつ漬け

Index

おかずさくいん

肉

■豚肉

豚肉のしょうが焼き…23
ホイコーロー…41
ポークソテー…45
にんじんの肉巻き…47
うずら卵の肉巻きチャップ…57
塩カルビのっけ丼…61
ポークチャップ…64
カリカリ豚丼…89
塩焼きそば…91
ぶっかけ豚しゃぶうどん…93
ピリ辛焼きうどん…94
豚のみそマヨ炒め…97
豚肉とれんこんのチャップソテー…103
豚肉と野菜の甘酢あん…109
肉巻きエリンギ…110
豚肉のマーマレード照り焼き…110
豚汁…124
豚バラときのこの豆乳みそスープ…126
みそカツ…146
酢豚…150

■牛肉

牛丼…29
チンジャオロース…39
焼き肉…51
ビビンバ丼…84
牛肉とカリフラワーのカレー炒め…99
牛肉とごぼうのすき煮…109

焼き肉重…148
肉巻きコーンおにぎり…152

■鶏肉

鶏の照り焼き…27
薄揚げソースカツ丼…56
ささみフライ…60
スパイシーチキン…71
から揚げ…74
鶏から揚げの天むす風…76
冷やし中華…90
れんこん入りチキンナゲット…107
鶏の香味揚げ…108
ミニチキンカツ…108
やわらか蒸し鶏…108
鶏チャーシュー…109
鶏つくねスープ…125
鶏のしょうが焼き…147
マスタードチキン…149

■ひき肉

▼合いびき肉
肉団子…31
ハンバーグ…35
ピーマンの肉詰め…49
チーズハンバーグ…67
なすのキーマカレー丼…86
サイコロステーキ丼…88
コーン肉団子…101
タコライス風洋風肉そぼろ…111
チリビーンズ…111
▼豚ひき肉
ひき肉と春雨のピリ辛煮…110
れんこんのはさみ焼き…140
▼牛ひき肉
牛肉とえのきのみそそぼろ…111
スコッチエッグ…142
▼鶏ひき肉
三色そぼろ丼…85
ガパオ丼…87

肉の加工品

■ウインナーソーセージ

ウインナーとエリンギのソテー…33
ウインナーチャップ…43
カップ卵焼き…79
スパゲッティ・ナポリタン…95
赤いウインナー炒め…117
ウインナーと野菜のポトフ風…129
ウインナーと卵のおにぎらず…151

■ハム

ハムカツ…63
ハムとチーズのくるくる…85

■ベーコン

ミニトマトベーコン…37
小松菜とベーコンのマスタード炒め…66
ペンネカルボナーラ…92
ミックスビーンズとベーコンの
　サラダ…136
ベーコン入りラタトゥイユ…138
ブロッコリーとベーコンの
　レンジコンソメ煮…142

■ランチョンミート

カレーピラフ…75
ランチョンミートサンド…152

魚介

■あじ

あじバーグ…114

■いわし

いわしとエリンギのかば焼き丼…62
いわしといんげんのピカタ…141

■えび

えびフライ…68

えびチリ…114
えびナゲット…115
えびシュウマイ…115
えびマヨサラダ…128

■かじき

かじきのチーズ照り焼き…59
かじきと野菜の甘酢炒め…72
かじきのごま焼き…114

■さけ

焼きさけ…25
さけのピカタ…37
さけのスティック竜田揚げ…65
さけの梅照り焼き…112
サーモンと野菜のマリネ…112
さけグラタン…115
さけのタイ風カレースープ…128

■さば

さばのみそ煮…112
さばフレーク…113
さばのカレー竜田揚げ…143

■さんま（蒲焼缶）

さんまごはん…139

■しらす、ちりめんじゃこ

小松菜としらすのおひたし…49
ブロッコリーのじゃこあえ…67
甘辛じゃこのせごはん…70
しらす入り卵焼き…78

■白身魚

白身魚のから揚げ…113

■たら

たらのチーズ焼き…105
たらのチゲスープ…127

■たらこ

ちくわたらこ…60
たらこ卵焼き…78

にんじんたらこあえ…103

■ツナ缶

ツナポテト…57
黄パプリカとツナのカレー炒め…120
しいたけのツナチーズ焼き…123
ツナチャプチェ　…126
小松菜のツナ炒め…134

■ぶり

ぶりの照り焼き…33
ぶりカツ…70
ぶりの香味みそ焼き…113

魚介などの加工品

■かに風味かまぼこ

かにかま卵…39
切り干し大根のかにかまサラダ…51
コールスロー…86

■かまぼこ

かまぼこチーズ…139

■魚肉ソーセージ

ソーセージカツ…58
魚肉ソーセージとブロッコリーの
　バターしょうゆ炒め…69
赤ピーマンとソーセージの
　ケチャップ炒め…116

■ちくわ

ちくわの磯辺揚げ焼き…25
ちくわチーズ…31
ちくわたらこ…60
チーズちくわ…88
ちくわとしいたけのレンジ煮…122
うずら卵のちくわ巻き磯辺あえ…150

■はんぺん

はんぺんの甘辛焼き…68

卵・乳製品

■卵

卵焼き…23
えのきの卵炒め…27
ゆで卵…29・94
かにかま卵…39
桜えびの卵焼き…41
オムライス…43
青のり卵焼き…59
ゆで卵の輪切り…60
にんじん入り卵焼き…62
枝豆入り卵焼き…63
梅干し入り卵焼き…65
オムそば…69
スパニッシュ風卵焼き…70
枝豆の卵炒め…72
親子丼…73
たらこ卵焼き…78
煮豆入り卵焼き…78
しらす入り卵焼き…78
ねぎ入り卵焼き…79
のりチーズ卵焼き…79
カップ卵焼き…79
甘めの卵焼き…124
スコッチエッグ…142
チーズ入り卵焼き…146
煮卵…148
ウインナーと卵のおにぎらず…151

■うずら卵

うずら卵のカレーマリネ…49
うずら卵の肉巻きチャップ…57
キャベツ春巻き…66
ピーマンのココット…119
うずら卵のちくわ巻き磯辺あえ…150

■チーズ

ちくわチーズ…31
チーズえんどう…45
チーズとちくわと野菜のくるくる…57
かじきのチーズ照り焼…59
チーズハンバーグ…67

155

昆布とチーズとゆずこしょうの
　おにぎり…77
のりチーズ卵焼き…79
ハムとチーズのくるくる…85
チーズちくわ…88
たらのチーズ焼き…105
きゅうりとカッテージチーズ
　サラダ…119
かまぼこチーズ…139
チーズ入り卵焼き…146

野菜

■青じそ
青じそのみそ巻き…119

■赤ピーマン
赤ピーマンとソーセージの
　ケチャップ炒め…116
赤ピーマンのゆかりあえ…116
赤ピーマンのきんぴら風…117

■枝豆
ゆで枝豆…37・74・137
枝豆入り卵焼き…63
ゆで枝豆の楊枝刺し…64
キャベツと玉ねぎと枝豆の
　コールスロー…70
枝豆の卵炒め…72

■オクラ
オクラとミニトマトのごま酢あえ…107
オクラのおかかまぶし…119

■かぶ
にんじんとかぶのレンジグラッセ…35
塩もみかぶのごままぶし…37
かぶの梅あえ…117

■かぼちゃ
かぼちゃの甘煮…29
かぼちゃとレーズンのグラッセ…66
焼きかぼちゃ…69
かぼちゃのマッシュ…103
スイートかぼちゃ…120
かぼちゃシナモン…141

■カリフラワー
牛肉とカリフラワーのカレー炒め…99
カリフラワーのカレーピクルス…120

■絹さや
絹さやのナムル…25

■黄パプリカ
黄パプリカとツナのカレー炒め…120

■黄ミニトマト
黄ミニトマトのはちみつあえ…121

■キャベツ
キャベツの塩昆布あえ…29
キャベツ春巻き…66
キャベツと玉ねぎと枝豆の
　コールスロー…70
コールスロー…86

■きゅうり
青のりきゅうり…41
きゅうりの豆サラダ…72
きゅうりの梅のせ…73
スティックおにぎり…77
きゅうりの梅あえ…85
きゅうりとわかめの酢の物…119
きゅうりとカッテージチーズ
　サラダ…119
たたききゅうりのみそあえ…127
きゅうりとにんじんのマリネ…146
きゅうりのピリ辛即席漬け…150

■グリーンアスパラガス
アスパラガスのソテー…43

塩ゆでアスパラガス…57
スティックおにぎり…77
アスパラガスのチーズ焼き…118
アスパラガスののりあえ…139

■ごぼう
きんぴらごぼう…25
おからきんぴら…97
牛肉とごぼうのすき煮…109
ごぼうのごま酢あえ…122
ごぼうサラダ…147

■小松菜
小松菜としらすのおひたし…49
小松菜とベーコンのマスタード炒め…66
小松菜のごまチーズ焼き…68
小松菜とコーンのさっと煮…99
小松菜のツナ炒め…134
小松菜とくるみの塩昆布あえ…141
小松菜のおひたし…147

■コーン
マヨコーン…47
コーンの落とし焼き…64
小松菜とコーンのさっと煮…99
コーン肉団子…101
コーンとゆで卵のタルタル…120
コーンのピカタ…120

■さやいんげん
いんげんのごあまえ…47
いんげんとにんじんの塩ゆで…63
いんげんとにんじんの
　ピーナッツバターあえ…65
いんげんと甘酢しょうがの
　巻きおにぎり…76
さやいんげんのおかかあえ…118
いわしといんげんのピカタ…141

■スナップえんどう
チーズえんどう…45
塩ゆでスナップえんどう…59
スナップえんどうのごままぶし…60
スナップえんどうとしいたけの
　ソテー…92

■大根
大根としいたけの煮物…123

■玉ねぎ
キャベツと玉ねぎと枝豆の
　コールスロー…70
玉ねぎのカレーあえ…121

■長ねぎ
ねぎ入り卵焼き…79

■なす
かじきと野菜の甘酢炒め…72
ピーマンとなすのみそ炒め…73
なすの揚げびたし…74
なすのコチュマヨ…107
ベーコン入りラタトゥイユ…138
なすのねぎあえ…149

■にんじん
にんじんとかぶのレンジグラッセ…35
にんじんの肉巻き…47
にんじん入り卵焼き…62
いんげんとにんじんの塩ゆで…63
いんげんとにんじんの
　ピーナッツバターあえ…65
キャロットライスのおにぎり…77
おからきんぴら…97
れんこんとにんじんのピクルス…101
にんじんたらこあえ…103
にんじんのバターコンソメレンジ煮…116
にんじんのみそきんぴら…116
ピーラーにんじんのごまあえ…125
にんじんしりしり…139
にんじんとレーズンのサラダ…142
フライドにんじん…143

きゅうりとにんじんのマリネ…146
ごぼうサラダ…147

■ピーマン
ピーマンの肉詰め…49
もやしとピーマンのナムル…71
かじきと野菜の甘酢炒め…70
ピーマンとなすのみそ炒め…73
ピーマンのじゃこ炒め…118
ピーマンのおかかあえ…118
ピーマンのココット…119
ピーマンとしめじのナムル…148

■ブロッコリー
ゆでブロッコリー…23・58・95・125
ブロッコリーのマスタードあえ…27
ブロッコリーとミニトマトの
　マスタードマヨあえ…59
ブロッコリーのじゃこあえ…67
魚肉ソーセージとブロッコリーの
　バターしょうゆ炒め…69
ブロッコリーとベーコンの
　レンジコンソメ煮…142

■ほうれん草
ほうれん草の磯辺あえ…33
ほうれん草のチーズ焼…51
ほうれん草のごまポン酢あえ…61
ほうれん草とコーンのソテー…62
ほうれん草のごまジャンあえ…97
ほうれん草の黒ごまあえ…119
ほうれん草のココット…143

■ミックスベジタブル
カップ卵焼き…79

■三つ葉
三つ葉ともやしのおひたし…140

■ミニトマト
ミニトマトのはちみつレモンあえ…31
ミニトマトベーコン…37
ミニトマト…43・47・56・66・67・68

ブロッコリーとミニトマトの
　マスタードマヨあえ…59
オクラとミニトマトのごま酢あえ…107
ミニトマトバーガー…117

■紫キャベツ
紫キャベツの塩もみサラダ…117

■芽キャベツ
芽キャベツのコンソメひたし…118

■もやし
もやしとピーマンのナムル…71
三つ葉ともやしのおひたし…140

■ラディッシュ
塩もみラディッシュ…61
ラディッシュのピクルス…64
ラディッシュの塩昆布あえ…116

■れんこん
焼きれんこん…31
甘酢れんこん…39
れんこんとひじきのごまだれサラダ…99
れんこんとにんじんのピクルス…101
豚肉とれんこんのチャップソテー…103
れんこん入りチキンナゲット…107
れんこんのはさみ焼き…140

■ヤングコーン
ヤングコーンのマヨチーズ炒め…120
ヤングコーンのカレー炒め…149

きのこ類

■えのきだけ
えのきの卵炒め…27
牛肉とえのきのみそそぼろ…111
えのきの梅あえ…140

157

■エリンギ
エリンギのオイスターソース炒め…61
いわしとエリンギのかば焼き丼…62
肉巻きエリンギ…110

■きのこミックス
きのこの甘辛バター炒め…63
きのこごはん…65
きのこの甘辛煮…105
豚バラときのこの豆乳みそスープ…126

■しいたけ
スナップえんどうとしいたけのソテー…92
しいたけのフリッター…122
ちくわとしいたけのレンジ煮…122
大根としいたけの煮物…123
しいたけのツナチーズ焼き…123

■しめじ
きのこのポン酢マリネ…122
しめじとしらたきのソース炒め…123
ピーマンとしめじのナムル…148

■まいたけ
まいたけのバターポン酢…123

いも類

■じゃがいも
ポテトサラダ…35
ごまチーズポテト…56
ツナポテト…57
ポテマヨチーズ…58

■さつまいも
さつまいものレモン煮…23
さつまいものバター焼き…45
さつまいもの甘辛バター炒め…101
さつまいもきんぴら…121
さつまいもの茶巾しぼり…121

豆の加工品

■キドニービーンズ
キドニービーンズの甘煮…117

■煮豆
煮豆入り卵焼き…78

■ミックスビーンズ
ミックスビーンズのおかかマヨあえ…71
きゅうりの豆サラダ…72
ミックスビーンズのチーズあえ…74
チリビーンズ…111
ミックスビーンズとベーコンの
　サラダ…136

■ひよこ豆
ひよこ豆のサラダ…105

乾物・加工品

■油揚げ
油揚げのねぎみそピザ…122
油揚げと漬け物のチーズ焼き…123
いなりずし…134

■おから
おからきんぴら…97

■切り干し大根
切り干し大根とかにかまのサラダ…51

■しらたき
しめじとしらたきのソース炒め…123

■漬け物
たくあんのごま炒め…121
油揚げと漬け物のチーズ焼き…123

■春雨
ひき肉と春雨のピリ辛煮…110
ツナチャプチェ…126

■ひじき
れんこんとひじきのごまだれサラダ…99

■わかめ
きゅうりとわかめの酢の物…119
わかめのナムル…123

フルーツ

オレンジ…75・136・138
キウイフルーツ…67・136
パイナップル…135・136
ぶどう…84・138
りんご…129

ごはん・めん・パン

■ごはん
のりおかかごはん…25
オムライス…43
俵形おにぎり…58
きのこごはん…65
ミニおにぎり…68
甘辛じゃこのせごはん…70
カレーピラフ…75
みそチーズ焼きおにぎり…76
いんげんと甘酢しょうがの
　巻きおにぎり…76
鶏から揚げの天むす風…76
キャロットライスのおにぎり…77
ステックおにぎり…77
昆布とチーズとゆずこしょうの
　おにぎり…77

玄米塩昆布おにぎり…127
いなりずし…134
さんまごはん…139
梅とごまの混ぜごはん…143
梅ごはん…147
チーズおかかおにぎり…151
グリーンピースとじゃこの
　おこわ風…151
そぼろおにぎり…151
ウインナーと卵のおにぎらず…151
肉巻きコーンおにぎり…152

■ めん・パスタ

オムそば…69
ミニグラタン…75
冷やし中華…90
塩焼きそば…91
ペンネカルボナーラ…92
ぶっかけ豚しゃぶうどん…93
ピリ辛焼きうどん…94
スパゲッティ・ナポリタン…95
和風サラダスパゲッティ…137
ナポリタンポケットサンド…152
焼きそばパン…152

■ パン

サンドイッチ…135
フルーツロールサンド…136
ランチョンミートサンド…152
ナポリタンポケットサンド…152
焼きそばパン…152

■ その他

お好み焼き…153
手作りシリアルバー…153

料理
ほりえ さちこ 栄養士・料理研究家

大学（食物栄養学専攻）卒業後、祐成陽子クッキングスクールのアシスタント、同校講師を務めて独立。現在、雑誌、テレビ、ウェブ、広告などで幅広く活躍中。中学生の男子の母でもあり、忙しい中でも手軽に作ることができる料理を提案、ことにお弁当作りには定評がある。
著書に『3分5分10分でちゃんとカンタンうちごはん』、『下ごしらえ5分！ほったらかしスピードおかず』、『かわいい園児のおべんとう』、『サラ弁』など多数。また料理監修に『クボタメソッド　子どもの脳をぐんぐん育てるレシピ＆おやつ80』がある。

Staff

撮影	鈴木泰介
アートディレクション	大薮胤美（フレーズ）
デザイン	横地綾子（フレーズ）
スタイリング	八木佳奈
漫画・イラスト	えのきのこ
校正	堀江圭子
調理アシスタント	秋山佳代子、佐々木のぞ美、島方もとの
構成・編集	亀山和枝
企画・編集	川上裕子（成美堂出版編集部）

おいしさ満点！ 中高生の基本のお弁当

料　理　ほりえさちこ
発行者　深見公子
発行所　成美堂出版
　　　　〒162-8445　東京都新宿区新小川町1-7
　　　　電話(03)5206-8151　FAX(03)5206-8159
印　刷　凸版印刷株式会社

©SEIBIDO SHUPPAN 2019　PRINTED IN JAPAN
ISBN978-4-415-32597-2
落丁・乱丁などの不良本はお取り替えします
定価はカバーに表示してあります

●本書および本書の付属物を無断で複写、複製（コピー）、引用することは著作権法上での例外を除き禁じられています。また代行業者等の第三者に依頼してスキャンやデジタル化することは、たとえ個人や家庭内の利用であっても一切認められておりません。